LANGENSCHEIDT-LEKTÜRE 58
LECTURAS AMENAS

ENGLISCH

FRANZÖSISCH

ITALIENISCH

RUSSISCH

SPANISCH

Langenscheidt-Lektüre 58

Lecturas Amenas

Unterhaltsame spanische
Kurzgeschichten und Dialoge

von María Rosa Serrano

LANGENSCHEIDT

BERLIN · MÜNCHEN · WIEN · ZÜRICH · NEW YORK

Auflage:	18.	17.	16.	15.	14.	Letzte Zahlen
Jahr:	04	03	02	01	2000	maßgeblich

Vorwort

Zweck des vorliegenden Lektürebandes, der Grundkenntnisse der spanischen Sprache voraussetzt, ist es, den Leser mit der spanischen Umgangssprache und Ausdrucksweise, wie sie heute gebräuchlich ist, bekannt zu machen. Begebenheiten und Ereignisse aus dem spanischen Alltag wurden deshalb Gegenstand der Texte. Die Mischung von Kurzgeschichten und Szenen gibt dem Leser ein anschauliches und lebendiges Bild des heutigen Spanien. Gerade die Dialoge, die von Schülern leicht auswendig gelernt und nachgespielt werden können, enthalten eine Fülle von Redewendungen und Ausdrücken der spanischen Sprache des täglichen Lebens. Die kleinen Geschichten bieten reichlich Stoff für Konversationsübungen und Nacherzählungen.

Das beigegebene Vokabular bringt vor allem Ausdrücke und Redewendungen, deren Kenntnis im allgemeinen nicht vorausgesetzt werden kann. Sollte der Leser ein zusätzliches Hilfsmittel wünschen, so empfehlen wir die Benutzung von „Langenscheidts Taschenwörterbuch Spanisch", das ihm nicht nur Aufschluß über die Bedeutung des ihm unbekannten Wortes, sondern auch Auskunft über Aussprache, Anwendung, stilistische und grammatische Eigenarten usw. gibt.

DER VERLAG

Contenido

Aussprache des Spanischen

c vor a, o, u und Konsonanten wie k, vor e und i wie scharfes englisches th

g vor a, o u wie g, vor e und i wie ch in Krach

ch wie tsch

gue, gui *wie* ge, gi

j wie ch in Krach, im Wortauslaut stumm

ll wie lj

ñ wie nj

qu wie k

s wie s in Wasser

v wie w oder b

y wie j, im Wortauslaut wie i

z wie scharfes englisches th

b wird sehr weich, fast wie w gesprochen

d wird im Wortauslaut kaum oder gar nicht gesprochen

r ist ein gewöhnliches r, rr ein stark rollendes Zungen-r

h ist immer stumm. Die Vokale sind stets kurz auszusprechen.

Betont werden die Wörter auf der vorletzten Silbe, wenn sie auf Vokale, auf n oder s enden, auf der letzten Silbe, wenn sie auf andere Konsonanten enden; Ausnahmen werden durch den Akzent bezeichnet.

Zeichenerklärung

alg.	alguien
etw.	etwas
f	weiblich
f/pl.	weiblich/Mehrzahl
jem.	jemanden, jemandem
m	männlich
m/pl.	männlich/Mehrzahl
u/c.	una cosa

Los contrabandistas

El **Sr.** Felíu prosperaba rápidamente. Su fábrica de hilados y tejidos estaba cada día más acreditada; los pedidos menudeaban, de España y del extranjero, y la cuenta corriente del Sr. Felíu era cada vez más saneada. Así pues no pudo negarse por mucho tiempo a los insistentes ruegos de su mujer, que tenía toda su ilusión puesta en un viaje a París.

En la capital de Francia pasaron los Sres. Felíu unos días deliciosos. Visitaron museos, teatros y cabarets, comieron en los mejores restaurantes y en el coche hicieron excursiones a Versalles y Fontainebleau. Sin embargo el mayor placer de la Sra. Felíu fueron las compras. Todos los días pasaba varias horas en tiendas y almacenes, recorriendo las diversas secciones y admirando las muchas cosas bonitas que allí había. Su marido se negaba a acompañarla en estas expediciones, prefiriendo con mucho sentarse entretanto en un café delante de un buen aperitivo, pero le daba carta blanca y así la Sra. Felíu volvía siempre al hotel cargada de paquetes de todos los tamaños. Compró un abrigo de pieles, dos vestidos, ropa interior, guantes, porcelana, una radio de transistores y un sinfín de regalos para los amigos y parientes.

Como todo acaba en esta vida terminaron también las vacaciones y el matrimonio Felíu emprendió el

contrabandista *m* *Schmuggler*
prosperar *(guten) Erfolg haben*
fábrica *f* de hilados y tejidos *Spinnerei und Weberei*
menudear *sich häufen*
cuenta *f* corriente *Kontokorrent; hier: Konto*
saneado *saniert; hier: ansehnlich*

almacén *m* *Warenhaus*

dar carta blanca *freie Hand lassen*

tamaño *m* *Größe, Umfang*
ropa *f* interior *Unterwäsche*

sinfín *m* *Unmenge*

regreso a Barcelona. El viaje fue muy feliz pero a medida que se aproximaban a la frontera el rostro del Sr. Felíu se iba ensombreciendo más y más.

— Tu has disfrutado mucho con las compras — dijo a su mujer — pero dime, ¿qué va a pasar ahora cuando lleguemos a la aduana?

— ¿La aduana? — repitió la Sra. Felíu — ¡Bah, pero si no llevamos nada!

— ¿Nada dices? El abrigo de pieles, las porcelanas, la radio, sin contar otras mil chucherías. Los derechos me van a costar un ojo de la cara.

— Tonto serás si pagas — dijo la señora con frescura — ¿Por qué? Total son cosas de poca importancia... y son para nosotros y para nuestros amigos; no es como si pensáramos venderlas. Mira, el abrigo diré que ya lo tenía antes y las demás cosas las he metido en las maletas entre la ropa, de forma que no se vean. La radio de transistores la he puesto en una caja vieja de zapatos. ¿Qué te parece? ¿Ves cómo pienso en todo?

— Mira, Eulalia — protestó el Sr. Felíu — que a mí no me gustan estas cosas y...

— Tu no tienes que hacer nada — interrumpió su mujer — Cuando el carabinero nos pregunte si llevamos algo yo contestaré. Las mujeres sabemos hacer mejor esas cosas. No te preocupes.

El Sr. Felíu no tuvo más remedio que callarse. Llegaron a la frontera; un policía francés, sin detenerles, les hizo seña con la mano para que pasaran y poco más adelante encon-

---

ensombrecerse *sich verdüstern*

disfrutar *genießen*

aduana *f Zoll*

chucherías *f/pl. Flitterkram, Krimskrams*
derechos *m/pl. Zollgebühren*
costar un ojo de la cara *ein Vermögen kosten*

carabinero *m Zollbeamter*

preocuparse *sich Sorgen machen*

callarse *schweigen*

traron el control de la policía española. El Sr. Felíu alargó desde el coche los pasaportes a un empleado, que se los devolvió después de estampillarlos, y una vez cumplida esta formalidad el pobre señor avanzó con el coche hacia la aduana. Un carabinero joven le indicó donde tenía que aparcar y se acercó a continuación a la ventanilla haciendo la pregunta sacramental:

— ¿Tienen ustedes algo que declarar?

— Nada, nada en absoluto — se apresuró a contestar la Sra. Felíu con su más brillante sonrisa — No llevamos más que nuestro equipaje, nuestras cosas personales.

El carabinero echó una mirada al interior del coche.

— Ese abrigo de pieles ¿ha sido adquirido en Francia?

— No, no, es un abrigo usado ... Lo tengo desde hace mucho tiempo. Lo he llevado para el viaje.

— Mm ... Estamos en el mes de junio, señora.

— Es que yo soy muy friolera, ¿sabe?. Y en París hace un frío terrible ...

El carabinero no hizo ningún comentario, pero dirigiéndose al Sr. Felíu dijo:

— ¿Quiere hacer el favor de abrir el maletero del coche?

— ¡Pero si no es necesario! — protestó la Sra. Felíu — En las maletas no hay nada. Solamente nuestra ropa.

— Hágame el favor — repitió el carabinero, dirigiéndose siempre al Sr. Felíu. Este, sintiendo que las piernas

alargar *an-, herausreichen*

estampillar *(ab)stempeln*

aparcar *parken*

declarar *verzollen*

echar una mirada a *einen Blick werfen in (auf)*

friolero *verfroren*

maletero m del coche *Kofferraum*

11

le flojeaban, descendió de su asiento para cumplir la orden. La Sra. Felíu descendió también y se puso junto a él, decidida a intervenir.

— A ver — ordenó el carabinero — abra primero esa maleta grande.

La maleta fue abierta y el carabinero, con las manos enfundadas en unos guantes blancos, empezó a levantar experta y delicadamente las capas superiores de ropa. Pronto sacó de entre ella un paquete envuelto en papel de seda.

— ¿Qué hay en este paquete?

— Nada de particular — contestó la señora Felíu cortándole la palabra a su marido — Un regalito . . . un regalito sin importancia.

El carabinero, sin decir palabra, dejó el paquete a un lado y siguió buscando. Pronto apareció un segundo paquete.

— Y esto, ¿qué es?

— Un juguete . . . un juguete para el niño. No vale nada.

El paquete fue a unirse a su compañero, seguido de otros varios, a pesar de que la Sra. Felíu protestaba cada vez que se trataba de objetos sin valor alguno. Por último el carabinero sacó de debajo de un montón de ropa interior una caja de cartón de regular tamaño.

— Y aquí, ¿qué hay? — preguntó por enésima vez.

— ¿Ahí? Zapatos . . . zapatos usados. — contestó la Sra. Felíu, que con entereza digna de mejor causa no daba su brazo a torcer.

El carabinero levantó la tapa de la caja, metió la mano bajo los papeles con que la Sra. Felíu había

flojear *schwach werden*

enfundar *stecken in*

capa *f Schicht*

cortar la palabra a alg. *jm. ins Wort fallen, jm. unterbrechen*

juguete *m Spielzeug*

por enésima vez *zum x-ten Male*

con entereza digna de mejor causa *hier etwa: mit unglaublicher Hartnäckigkeit, um alles in der Welt*
no dar uno su brazo a torcer *nicht beigeben, nicht nachgeben*

tapado la radio de transistores y al darse cuenta de lo que allí había accionó rápidamente una de las ruedecitas de mando. Una música moderna y chillona turbó la paz de aquel puerto de los Pirineos. El Sr. Felíu tenía la cara de mil colores; la Sra. Felíu se quedó por primera vez sin habla.

— Vaya, vaya, señora — dijo el carabinero volviéndose al fin hacia ella — Yo había oído hablar mucho de las modas de París, pero no sabía que hicieran zapatos con música. Siempre se aprende algo . . .

tapar *zudecken*
darse cuenta de u/c. *etwas bemerken*
accionar *betätigen*
ruedecita f de mando *Schaltknopf*
chillón *schrill*
turbar la paz *den Frieden stören*
puerto m *Paß*
tener la cara de mil colores *tief erröten, sich verfärben*

volverse *sich umwenden*
al fin *endlich, schließlich*

Una llamada urgente

D. Pedro Santángel era desde hacía 20 años médico de Valdeaguas de Arriba. Vivía en la plaza y junto a su puerta podía verse una placa dorada con letras negras que decía: "Dr. Pedro Santángel — Medicina general — Partos — Consulta de 4 a 7". La placa que Elvira, la criada de D. Pedro, pulía esmeradamente todos los días, era bonita y adornaba pero no servía para nada. Todo el mundo sabía donde vivía D. Pedro y todo el mundo sabía que, siendo el único médico del pueblo, no tenía más remedio que entender de partos y hacer un poco de todo, desde sajar un panadizo hasta sacar una muela. Especialmente inútil era la coletilla "Consulta de 4 a 7", porque la gente iba a consultarle a todas horas, cuando les venía bien, al volver del campo al anochecer o por la mañana temprano antes de ir a la siega. El pobre D. Pedro ya se había acostumbrado a no poder comer tranquilo porque tan pronto como se sentaba a la mesa venía alguien a consultarle o a avisarle para que fuera a casa de un enfermo. D. Pedro, que tenía buena pasta, protestaba a veces pero nunca dejaba de atender a los que le solicitaban; la que más se quejaba era Doña Florencia, su mujer, que veía sus deliciosos guisos enfriarse sobre la mesa mientras D. Pedro ponía unos puntos en una herida o examinaba la garganta irritada de un niño.

placa *f Schild*

parto *m Geburt; hier:*
Geburtshelfer
consulta *f Sprechstunde*
pulir *polieren*
esmerado *sorgfältig*

sajar *schneiden, schröp-*
fen
panadizo *m Nagelbett-*
entzündung
sacar una muela *einen*
(Backen-)Zahn ziehen
coletilla *f Zusatz*
siega *f (Heu-)Ernte, Mä-*
hen

de buena pasta *gutmütig*
atender a alg. *sehen nach*
jem., sich kümmern um
jem.
solicitar alg. *jem. bitten,*
jem. ersuchen
quejarse *sich beklagen*
guiso *m Gericht, Mahl-*
zeit
punto *m Stich*
garganta *f Hals*
irritado *entzündet*

Una noche de invierno, cuando el matrimonio llevaba ya un par de horas durmiendo, se oyeron de repente fuertes golpes en la puerta de la calle, acompañados de una voz ansiosa que llamaba:

— ¡D. Pedro! ¡D. Pedro!

— Un momento, un momento — murmuró el pobre D. Pedro adormilado, más para él que para el visitante, que no le podía oir. Doña Florencia también se había despertado con el ruido.

    adormilado verschlafen

— ¿Qué es eso? ¿Quién puede ser? ¿Será la Tomasa?

— No creo, aún le falta un mes. Bueno, será mejor que vaya a abrir.

Borracho de sueño bajó D. Pedro la escalera, quitó el cerrojo y abrió la pesada puerta. Ante él apareció la cara pálida y asustada de Severiano, un pastor que habitaba en una paridera de la montaña.

    borracho de sueño schlaftrunken
    quitar el cerrojo den Riegel zurückschieben

    pastor m Schäfer
    paridera f Schafhürde

— ¡Hombre, Severiano! ¿Qué sucede?

— D. Pedro — contestó Severiano con voz entrecortada (se veía que había corrido) — Venga usted enseguida. Mi mujer está muy mala.

    entrecortado erstickt, keuchend

— ¿Sí? ¿Qué le pasa?

— No sé... le dio como un ataque... Ponía los ojos en blanco... así — Severiano puso una cara horrible — Y luego se desmayó.

    ataque m Anfall
    poner los ojos en blanco die Augen verdrehen

    desmayarse ohnmächtig werden

— Mm ... ¿Cuánto hay de aquí a la paridera? ¿Una hora de camino?

— Una cosa así, D. Pedro.

— ¿Y de verdad está muy enferma tu mujer?

— Sí, sí, señor, está muy mala. Venga usted enseguida.

D. Pedro suspiró. La noche estaba fría y lloviznaba; apetecía poco salir

    lloviznar nieseln
    apetecer Lust haben, zusagen

del lecho caliente y de la casa. Sin embargo una vez más triunfó su sentido del deber.

— Bueno — dijo con resignación — Mientras yo me visto ve a casa del tío Paco y pídele prestada una mula. A la paridera no puedo ir en el coche y ya tengo demasiados años para ir a pie y de noche por esos montes de Dios.

Severiano salió corriendo a buscar la mula y D. Pedro subió otra vez a su dormitorio. Doña Florencia, al enterarse de que tenía que ir tan lejos con aquel tiempo empezó a protestar, a llamarle tonto, a asegurarle que cualquier día caería muerto de tanto trabajar y que además nadie se lo agradecería. D. Pedro, acostumbrado ya a las recriminaciones de su esposa, se vistió sin responder, cogió un maletín con lo más preciso y despidiéndose salió a la calle.

Severiano le esperaba ya con la mula, un animal gordo y de aspecto pacífico; le ayudó a montar en ella y echó a andar a su lado. Pronto dejaron atrás las casas del pueblo.

La noche estaba oscura pero la mula, acostumbrada a aquellos montes, caminaba con seguridad, golpeando con los cascos las piedras del sendero. D. Pedro sentía que la humedad le iba penetrando hasta los huesos, a pesar del impermeable que se había puesto. Mientras temblaba de frío el pobre hombre no podía dejar de pensar que si cogía un catarro o una bronquitis su mujer, aun cuidándole devotísimamente, no dejaría de repetirle mil

sentido del deber *Pflichtgefühl*

pedir prestado *leihen*

mula *f Mauleselin*

recriminación *f Anschuldigung*

golpear *schlagen*
casco *m Huf*
sendero *m Pfad*

impermeable *m Regenmantel*

coger un catarro *sich erkälten, sich eine Erkältung zuziehen*
devoto *hingebungsvoll*

veces que aquello le había ocurrido por no hacerle caso a ella.

La hora de camino se hizo larga. Antes de ver la paridera, un fuerte olor a oveja advirtió a D. Pedro que estaban llegando. Por fin divisó en la oscuridad las paredes blancas del edificio, que era largo y achatado. Las dos terceras partes de él se utilizaban para guardar el ganado y el resto era una vivienda de tres habitaciones que ocupaban el pastor y su mujer. Severiano se había casado hacía solamente unos meses.

D. Pedro descendió trabajosamente de la mula y entró en la casa con el pastor, que se había apresurado a abrirle la puerta. Se encontró en un pequeño vestíbulo encalado con tres puertas; una de ellas, la de la cocina, estaba abierta, y en el hogar todavía brillaban unos rescoldos. Reinaba un silencio absoluto.

— ¡Julia! —llamó con voz temblorosa Severiano.

No hubo respuesta.

— ¡Ay, D. Pedro! ¿Se habrá... se habrá muerto?

D. Pedro, que tenía buen oído, oyó en aquel momento un rumor acompasado tras una de las puertas cerradas. Podía ser el estertor de la agonía pero se parecía mucho más a un sano y reposado ronquido. Volviéndose al asustado Severiano dijo secamente:

— ¿Muerto? Nada de eso. Me parece que tu mujer está durmiendo. Anda, enciende una lámpara, que aquí no se ve nada, y vamos a ver a la enferma.

---

hacer caso a *hören auf*

oveja *f Schaf'*
divisar *wahrnehmen, ausfindig machen*

achatado *platt, flach*

vivienda *f Haus*

trabajoso *mühsam*

apresurarse *sich beeilen*

vestíbulo *m Diele*
encalado *gekalkt*

rescoldo *m glühende Asche*

acompasado *gleichmäßig*

estertor *m de la agonía Todesröcheln*

reposado *ruhig*
ronquido *m Schnarchen*

Severiano encendió un candil y entró en el dormitorio seguido de cerca por D. Pedro.

Al iluminarse la habitación se incorporó en la cama una mujer joven y no mal parecida, de ojos soñolientos, que se agrandaron de sorpresa al ver al médico.

— ¡Severiano!—exclamó—¿Qué hace D. Pedro aquí?

— Le he ido a buscar para que te visite. ¿Cómo estás?

— Pues yo ... — contestó Julia y se interrumpió, al parecer sin saber qué decir.

D. Pedro, cuya cara se había ido ensombreciendo al oir las palabras de la muchacha, juzgó que había llegado el momento de intervenir.

— Bueno — dijo severamente — ¿Qué es esto? ¿Estás enferma o no?

— Yo ... pues ... enferma ...—Julia continuaba sin poder terminar una frase.

— ¿Sí o no?

— No, no, señor ...

Ante semejante confesión la indignación del pobre D. Pedro no conoció límites.

— ¿Y para eso me hacéis venir aquí a media noche? ¿Estáis locos? ¡Vamos, es el colmo! — exclamaba una y otra vez, agitando furioso los brazos.

Severiano no sabía qué cara poner ni dónde meterse; con gusto hubiera desaparecido. Julia recobró antes la presencia de ánimo y pudo explicarse.

— No se ponga así, D. Pedro ... Sabe, éste y yo tuvimos una riña y se puso tan bruto ... Entonces yo, para asus-

candil m Ölfunzel

incorporarse sich aufrichten
no mal parecido ganz hübsch, von ansprechendem Äußeren
soñoliento verschlafen

juzgar glauben, halten für

confesión f Bekenntnis
indignación f Entrüstung

¡es el colmo! das ist der Gipfel!
agitar los brazos mit den Armen herumfuchteln

recobrar la presencia de ánimo Geistesgegenwart wiedererlangen
explicarse Erklärung abgeben

riña f Streit

18

tarle, pues hice como que me daba un ataque. Yo no pensaba que iría a buscarle a usted . . .

La cosa no tenía ya remedio. D. Pedro volvió a la mula, que esperaba pacientemente, montó otra vez en ella y emprendió el regreso al pueblo acompañado de un Severiano muy cabizbajo. El pastor meditaba sobre la astucia de las mujeres. Pensaba también que no tendría más remedio que regalarle a D. Pedro un cordero para la próxima Navidad.

cabizbajo *niedergeschlagen*

astucia *f List, Raffinesse*

cordero *m Lamm*

El arte de vender

Me llamo Carolina Regalado, pero mi nombre comercial es Carole Regal. Suena más elegante, ¿verdad? Para mí eso tiene mucha importancia porque tengo una tiendecita de modas, una "boutique", como dicen ahora. Vendo vestidos, bolsos, guantes, pañuelos, bisutería y otras chucherías de esas que nos gustan a las mujeres. Todas las temporadas encargo los últimos modelos a las grandes casas de modas y luego tengo que venderlos, claro. Es más difícil de lo que parece porque en todas las colecciones hay modelos exagerados en el color o en la hechura que tienen muy mala salida. Hay que convencer a las clientes para que se los lleven, porque si no, se pasan enseguida de moda y entonces hay que liquidarlos de cualquier manera. Modestia aparte, yo me doy muy buena maña para vender, pero aún así algunas veces fracaso. Voy a contarles por ejemplo lo que me sucedió hace unos días.

Era después de comer; la tienda estaba vacía, porque ésa es hora de poca venta. En esto se abre la puerta y entra una señora rubia teñida, metidita en carnes, muy pintada, con un perro faldero en los brazos y seguida de un señor de aspecto insignificante. Me apresuré a salir a su encuentro; la señora me deseó buenas tardes y volviéndose a su acompañante le puso el perro en los

sonar *klingen*

bolso m *Tasche*
guante m *Handschuh*
bisutería f *Modeschmuck*
chuchería f *Krimskrams, Flitterkram*

encargar u/c. a alg. *bei jem. etw. bestellen*

colección f *Kollektion*

hechura f *Schnitt, Machart*
tener mala salida *sich schlecht verkaufen*
llevarse *mitnehmen*
pasar de moda *unmodern werden*
liquidar *loswerden, abstoßen*
modestia aparte *ohne Bescheidenheit*
darse buena maña *sich geschickt anstellen, geschickt sein*
fracasar *mißlingen, keinen Erfolg haben*
en esto *gerade in diesem Augenblick*

teñido *gefärbt*
metidito en carnes *mollig*
pintado *geschminkt*
perro m faldero *Schoßhund*
insignificante *unscheinbar, farblos*
salir al encuentro *entgegengehen, empfangen*

brazos mientras le decía con tono autoritario señalándole una silla:

— Ernesto, coge el perro y siéntate ahí.

— Bien, querida — contestó Ernesto mansamente sentándose donde le decían.

Juzgué oportuno hacer algún comentario elogioso sobre el perro, aunque se trataba de un chucho de aspecto bastante antipático. Alabar los perros o los niños que traen las señoras da siempre buen resultado. Así que dije:

— ¡Qué perrito tan mono! ¿Cómo se llama?

— Cuqui — dijo la señora muy contenta — Es muy listo, ¿sabe?

Alargué la mano para acariciar al perrito, pero él me miró con tan poca simpatía que preferí retirarla cautamente otra vez. Entonces pregunté a la señora qué es lo que deseaba.

— Un vestido de cocktail — me dijo — algo... no sé... moderno, elegante, original...

Le saqué un vestido precioso, negro, con la falda de encaje y el cuerpo bordado con lentejuelas, pero no pareció gustarle mucho. Tampoco prestó mucha atención a un vestido muy elegante de gasa azul ni a otro de seda natural color crema, un modelo monísimo.

— No, mire usted — me dijo al final — esto no es lo que yo quiero. Estos vestidos están bien, no digo que no, pero yo necesito algo fuera de lo corriente... con personalidad... Yo tengo una personalidad muy acusada, ¿verdad Ernesto? — terminó

autoritario *herrisch*

manso *sanft, zahm*

chucho m *Köter*
alabar *loben*

¡qué perrito tan mono!
 was für ein süßes Hündchen!

alargar *ausstrecken*
acariciar *streicheln, liebkosen*

cautamente *vorsichtig*

sacar *hervorholen*

encaje m *Spitze*
cuerpo m *Oberteil*
bordar *sticken*
lentejuelas f/pl. *Pailletten*
gasa f *Tüll*

fuera de lo corriente
 außergewöhnlich

tener una personalidad acusada *eine starke Persönlichkeit sein*

dirigiéndose al buen señor, que, siempre con el perro en los brazos, asintió calurosamente.

asentir *zustimmen*
caluroso *lebhaft*

"Algo fuera de lo corriente, ¿eh?" — me dije a mí misma — "Pues ahora verás". Con mi más amable sonrisa le aseguré que podría complacerla y excusándome un momento me fui a la trastienda. Tenía allí un vestido de la temporada anterior que no había logrado vender todavía. Era verde, de seda brillante, con unos lazos de color naranja en los hombros y una flor artificial del mismo color en la falda. Poniéndolo delicadamente sobre el brazo, como si se tratara de una joya, volví a mi cliente. — Señora — le dije solemnemente — Voy a enseñarle un modelo excepcional. Lo tenía reservado para una cliente que prometió darme la contestación mañana, pero como creo que es exactamente lo que usted quiere y tengo interés en servirla voy a faltar por una vez a mi palabra. Mire usted — añadí desplegando el vestido y esperando que no estuviera arrugado por el largo almacenaje — ¿No lo encuentra usted verdaderamente original?

trastienda *f Hinterladen*

lazo *m Schleife*
hombro *m Schulter*

joya *f Juwel, Schmuckstück*

faltar a su palabra *sein Wort brechen*
desplegar *ausbreiten*

arrugado *zerknittert*
almacenaje *m Lagerung*

Mientras hablaba observaba a la señora con el rabillo del ojo para espiar su reacción y respiré con alivio cuando vi cómo se le iluminaba la cara a la vista del modelito. — Mi querida Carole — exclamó. (Debía de haber visto mi nombre en la puerta, porque yo no la conocía de nada) — Esto es lo que yo quería. Por fin me ha sacado usted algo nuevo, distinto. ¿Verdad, Ernesto, vidita? — añadió dirigiéndose a la

observar con el rabillo del ojo *von der Seite beobachten*

alivio *m Erleichterung*

silenciosa figura de su acompañante que abrió por fin la boca para decir la mayor verdad de su vida:
— Nunca había visto un vestido así.

En vista de la favorable impresión creada sugerí a mi cliente que pasara al probador, lo que se apresuró a aceptar. Una vez allí esperé con cierta emoción a que la señora se quitara su vestido para probarse el nuevo; dudaba que le cupiera, porque, como he dicho, estaba algo gorda. Al fin, cuando lo tuvo puesto, vi con alivio que, aunque le tiraba algo del pecho y de las caderas, no le sentaba mal del todo. Eso sí, el vestido era espantoso y la buena señora parecía con él una gigantesca lechuga a la que le hubieran salido unas flores de color naranja. Sin embargo la imagen que se reflejaba en el espejo no debió desagradarla porque salió muy contenta del probador para que Ernesto pudiera admirarla.

Nunca en mi vida se me olvidará lo que sucedió entonces. Cuqui, que había estado todo el tiempo en el regazo del señor, saltó de repente al suelo y se puso a ladrar furiosamente a su ama, demostrando con cada ladrido su desagrado. Ernesto miraba al perro sin saber qué hacer; yo intentaba hacerle callar (de buena gana le hubiera dado una patada) sin conseguirlo. En medio de aquella baraúnda vi caer una sombra sobre la cara de mi cliente.
— A Cuqui no le gusta el vestido — dijo tristemente.

En vano intenté convencerla de que no había que tomar en serio la

probador *m Umkleide-kabine*
apresurarse *sich beeilen*

caber *Platz haben, passen*

tirar del pecho *knapp sitzen*
cadera *f Hüfte*
sentar mal *schlecht stehen (Kleidung)*
espantoso *schrecklich*

lechuga *f Kopfsalat*

espejo *m Spiegel*
desagradar *mißfallen*

regazo *m Schoß*
ladrar *bellen*

callar *schweigen*
de buena gana *mit Vergnügen, gern*
dar una patada *einen Fußtritt versetzen*
baraúnda *f Tumult, Durcheinander*

en vano *vergebens*

opinión de un perro en materia de modas y de que el vestido le sentaba maravillosamente y le favorecía mucho; algo cabizbaja volvió al probador, se cambió y se despidió de mí diciéndome que "lo pensaría".

Por algo me fue Cuqui antipático desde el primer momento. Su inteligencia me estropeó la mejor venta de mi vida.

favorecer *vorteilhaft sein, gut stehen (Kleidung)*
cabizbajo *niedergeschlagen*

por algo *aus gutem* **Grund**

estropear *zunichte machen*

La sorpresa

"Genio y figura, hasta la sepultura", decía siempre Doña Asunción cuando hablaba de su marido. Y es que en 20 años de matrimonio Doña Asunción no había logrado corregir dos grandes defectos de D. Manuel: su distracción y su excesiva generosidad. Don Manuel lo perdía todo: los guantes, los paraguas, a veces hasta la cartera; olvidaba citas y encargos e incluso se hubiera envenenado bebiendo aguarrás en lugar de agua o echando en el café polvos insecticidas en lugar de azúcar si su mujer no hubiera estado al tanto. Tenía también la manía de los regalos; hacía regalos a todo el mundo, a parientes, amigos o simples conocidos. Si alguien alababa el color de su corbata o el corte de su chaqueta era capaz de quitárselas y dárselas a su interlocutor. Doña Asunción no dejaba de reconocer que los defectos de D. Manuel eran simpáticos y de menor importancia que los de otros muchos maridos, pero aún así a veces se cansaba de tener que buscar por toda la casa un cepillo de la ropa para encontrarlo al fin dentro de la nevera o de echar en falta un cenicero de plata o una figurita de porcelana para enterarse luego de que Don Manuel se lo había regalado a algún visitante casual.

Un día, durante la comida, dio Don Manuel a su mujer la siguiente noticia:

sorpresa *f Überraschung*
genio *m Wesen, Charakter*
sepultura *f Grab*

distracción *f Zerstreutheit*
generosidad *f Freigebigkeit*
cartera *f Brieftasche*
cita *f Verabredung*
encargo *m Auftrag*
envenenarse *sich vergiften*
aguarrás *m Terpentin*
polvos insecticidas *Insektenpulver*
estar al tanto *aufpassen*

corte *m Schnitt*

interlocutor *m Gesprächspartner*

cepillo *m Bürste*

nevera *f Kühlschrank*
echar en falta *vermissen*
cenicero *m Aschenbecher*

— Oye, Asunción, ¿sabes que mi sobrino Paquito ha aprobado con muy buenas notas el primer año de Bachillerato?

aprobar *bestehen (Prüfung)*

bachillerato *m Abitur*

— ¿Ah, sí? — dijo Doña Asunción con cuidado. — Me alegro.

— Tres sobresalientes y dos notables — continuó Don Manuel — Es un chico muy listo y muy estudioso. Como premio he pensado hacerle un buen regalo.

sobresaliente *sehr gut (Schulnote)*

notable *gut (Schulnote)*

premio *m Belohnung*

Al oír la fatal palabra "regalo" Doña Asunción trató de disuadir a su marido, recordándole los muchos gastos que habían tenido aquel mes y los plazos de la lavadora que se habían comprado recientemente, pero Don Manuel no le prestó la menor atención.

disuadir *abraten, ausreden*

gasto *m Ausgabe*

plazo *m Rate*
lavadora *f Waschmaschine*

prestar atención a alg. *jem. Aufmerksamkeit schenken*

— A ver, a ver . . . — decía para sí — ¿Qué podría comprarle? ¿Una caja de pinturas? No, eso lo tiene ya. ¿Un caballo de cartón? Mm . . . es demasiado mayor para un caballo de cartón. ¡Ya lo tengo! ¡Una bicicleta!

— ¡Manuel! — dijo Doña Asunción horrorizada — ¡Pero eso es muy caro!

horrorizado *erschrocken*

— Bah, el chico se lo merece y además con la paga extraordinaria de verano . . .

paga *f extraordinaria Sonderzulage*

No hubo nada que hacer; una vez más la pobre Doña Asunción quedó derrotada. Al día siguiente, tan pronto como salió de la oficina al mediodía, Don Manuel se dirigió a la mejor tienda de bicicletas de la ciudad y pasó un buen rato viendo y comparando modelos. Por fin se decidió por una roja, con los guardabarros cromados, que el dependiente le aseguró era lo mejor que existía en el mercado. Era también la bici-

derrotado *besiegt, geschlagen*

guardabarros *m/pl. Schutzbleche*

cleta más cara, naturalmente. Don Manuel pagó y sin escuchar al dependiente, que se ofrecía a entregar la bicicleta a domicilio, cogió él mismo la máquina y salió a la calle.

entregar a domicilio *ins Haus liefern*

Los parientes de Don Manuel vivían algo lejos, pero él a pesar de sus 50 años cumplidos no se arredró por ello y montando en la bicicleta pedaleó enérgicamente, sin preocuparse para nada del tráfico. Si algún automovilista indignado le tocó la bocina Don Manuel ni se enteró, porque en su interior iba madurando un plan estupendo para sorprender a su sobrino. Los padres del niño vivían en una casa algo antigua. El piso tenía un pasillo muy largo a cuyo extremo se encontraba el comedor. A juzgar por la hora la familia estaría seguramente comiendo cuando él llegara; su plan por lo tanto era llamar a la puerta, pedirle a la sirvienta cuando le abriera que no dijera nada a sus señores, y montado en la bicicleta dirigirse por el largo pasillo hasta el comedor, donde haría una entrada triunfal. D. Manuel se recreaba tanto pensando en la sorpresa de sus parientes y en la alegría de Paquito que se saltó unas luces rojas y estuvo a punto de ser atropellado por un camión. El chófer le insultó larga y cumplidamente.

arredrarse por u/c. *zurückscheuen vor etw.*

pedalear *radeln*

indignado *entrüstet, aufgebracht*
tocar la bocina *hupen*
enterarse de u/c. *etw. bemerken*
madurar *reifen*
estupendo *ausgezeichnet*

piso m *Wohnung, Stockwerk*
pasillo m *Diele*

sirvienta f *Hausgehilfin*
montar en *steigen auf, besteigen*

comedor m *Eßzimmer*

recrearse *sich ergötzen*

saltar u/c. *etw. überfahren, übergehen*
atropellar *überfahren*
camión m *Lastwagen*
insultar *beschimpfen*
cumplidamente *gebührend*

Por fin llegó Don Manuel ante la casa, se apeó de la bicicleta y cogiéndola cuidadosamente bajo el brazo subió, no sin trabajo, las escaleras hasta el piso. Una vez allí, dejó la bicicleta en el suelo y con un suspiro de alivio pulsó el timbre de la puerta.

apearse de *absteigen von*

pulsar el timbre *auf die Klingel drücken*

27

Salió a abrirle una muchacha joven, con delantal blanco, a la que Don Manuel saludó jovialmente.

— ¡Buenas tardes, buenas tardes! ¡Ssh! ¡No diga nada a los señores! Voy a darles una sorpresa.

— Pero... — trató de objetar la chica. Don Manuel la interrumpió.

— Ah, claro, usted no me conoce. Es usted nueva, ¿verdad?

— Sí, señor — dijo la chica — pero...

— ¿Cómo se llama usted?

— Manuela.

— ¡Y yo Manuel! ¡Qué casualidad! Manuela, los señores están comiendo, ¿verdad?

— Sí, pero...

— Bien, pues allá voy.

Don Manuel apartó sin contemplaciones a la muchacha, que no parecía muy decidida a dejarle pasar, montó en la bicicleta y tocando alegremente el timbre se dirigió por el pasillo al comedor. Como se lo había imaginado la puerta estaba abierta y la familia estaba sentada a la mesa.

— ¡Aquí viene Manuel Rodríguez! ¡El mejor ciclista de Madrid! — gritó muy contento al llegar al umbral. Pero de repente se detuvo como herido por un rayo.

Un señor, una señora y dos niños completamente desconocidos le contemplaban con ojos de sorpresa. La señora abrió la boca para dejar escapar un grito histérico a la vista del loco que, montado en una bicicleta, había hecho irrupción en su casa.

¡Don Manuel se había confundido de piso!

---

delantal *m Schürze*
jovial *heiter*

objetar *einwenden*

casualidad *f Zufall*

apartar a alg. *jem. beiseite schieben*
sin contemplaciones *rücksichtslos*
decidido *entschlossen*

umbral *m Schwelle*
detenerse *anhalten*
como herido por un rayo *wie vom Blitz getroffen*

loco *m Verrückter*
hacer irrupción *hereinschneien*

confundirse de *sich irren in*

Una compra importante

Eulalia (Entrando en la tienda de tejidos) Buenos días.

Dependiente ¡Buenos días, señora! ¿En qué puedo servirla?

Eulalia Quisiera una seda fina de color rosa pálido.

Dependiente Muy bien, señora. (Pone una pieza sobre el mostrador) Aquí tiene una seda muy bonita y de muy buena clase.

Eulalia Sí... no sé... No es exactamente lo que yo quiero. ¿Cuánto cuesta?

Dependiente Está muy bien de precio: setenta pesetas el metro.

Eulalia Ya... ¿Tiene usted alguna otra cosa?

Dependiente Sí, señora. (Saca otra pieza) Esta tela es aún más flexible, más suave. Es de 85 pesetas el metro. Y puedo ofrecerle también esta otra, de color algo más fuerte.

Eulalia Ninguna de estas telas termina de gustarme. Yo tengo una idea ... no sé ... a ver ... ¡Mire! ¿Puede enseñarme V. aquella pieza?

Dependiente ¿Cuál, señora?

Eulalia (Señalando a las estanterías) Aquélla que está allá arriba, a la derecha.

Dependiente Aquellas piezas son de batista.

Eulalia La batista también me gusta. ¿Quiere hacer el favor de enseñármela?

tienda *f* de tejidos *Stoffgeschäft*

pálido *blaß*

pieza *f Ballen*
mostrador *m Ladentisch*

estantería *f Regal*

batista *f Batist*

Dependiente (De mala gana) Sí... sí, señora. (Se sube a una escalera de mano y baja la pieza) Aquí la tiene usted. Es batista suiza, muy buena. Cuesta 120 pesetas el metro.

escalera *f* de mano *Leiter*

Eulalia Sí, está bien...

Conchita (Entrando en la tienda) ¡Eulalia! ¿Eres tú? ¡Qué sorpresa!

Eulalia ¡Conchita! ¡Dichosos los ojos! Hace siglos que no te veo.

¡dichosos los ojos! *wie schön, dich wiederzusehen!*

Conchita Es verdad. Precisamente el otro día pregunté por ti en casa de los Castro. Estuvimos cenando con ellos, ¿sabes?

Eulalia Nosotros también estuvimos en su casa hace poco tiempo. ¡Qué simpática es Luisa Castro! ¿verdad?

Conchita Sí, muy simpática.

Dependiente Ejem, ejem...

Eulalia Su marido, en cambio, cada día me gusta menos. He oído que...

Dependiente (Impaciente) Señora, si tiene la bondad... Hay mucha gente en la tienda y...

Eulalia ¡Ah, sí! Perdona, Conchita. Estoy comprando una tela rosa. ¿Qué te parece ésta?

Conchita ¿A ver? Esta no está mal de color, pero la clase no me gusta. Se arrugará mucho.

arrugarse *knittern*

Eulalia Sí, eso me parece a mí también...

Conchita Yo te aconsejaría esta otra.

aconsejar u/c. zu *etw. raten*

Eulalia Sí, llevas razón. Es la más bonita de todas.

llevar razón *Recht haben*

Dependiente Es la primera que le he enseñado, señora.

Eulalia Sí, es verdad.

Dependiente   Bien, ¿cuántos metros desea usted?

Eulalia   ¿Metros? No, necesito solamente veinte centímetros.

Dependiente   ¿Veinte centímetros?

Eulalia   Sí, es para un vestidito de muñeca. ¿Sabes, Conchita? ¡Le voy a hacer un vestidito a la muñeca de mi hija!

muñeca *f* Puppe

El chivo

Leonor y Enriqueta se habían criado juntas. De pequeñas habían jugado a la pelota y habían saltado a la comba en el pueblo donde ambas vivían; más tarde habían ido a la escuela y habían compartido las enseñanzas — y los golpes — de Doña Catalina, la maestra, una señora bigotuda como un guardia civil. Al hacerse mocitas, juntas fueron también los domingos a los bailes de la plaza y salieron a pasear, cogidas del brazo, por la carretera para cruzarse con los mozos que las piropeaban y a veces las invitaban a tomar una gaseosa en la taberna del tío Venancio.

Sin embargo al cumplir los 17 años las dos amigas tuvieron que separarse. Los padres de Enriqueta consiguieron una portería en Madrid y se fueron del pueblo; Enriqueta se fue con ellos, contenta de trasladarse a la ciudad e ilusionada con la idea de entrar en un buen taller de aprendiza para hacerse modista.

Leonor se quedó en el pueblo ayudando a su madre en las faenas de la casa, cuidando de sus numerosos hermanos, ocupada siempre en guisar, coser y atender a las gallinas y los cerdos. Dos años más tarde se puso en relaciones con Cristóbal, un chico sencillo, trabajador y dueño de una regular hacienda, con el que se casó al poco tiempo.

Leonor y su marido se fueron a vivir a una casita nueva en las afue-

chivo m Ziegenbock, Zicklein
criarse aufwachsen
de pequeñas von klein auf
pelota f Ball
saltar a la comba Seil springen

bigotudo schnurrbärtig
guardia m civil Gendarm
hacerse mocita heranwachsen, Backfisch werden
pasear spazierengehen
coger del brazo einhaken
cruzarse con begegnen, sich treffen mit
piropear Komplimente zurufen, sagen
gaseosa f Limonade, Brause

portería f Pförtnerloge

taller m Atelier, Werkstatt
aprendiz m Lehrling
modista f Schneiderin
faenas f/pl. de la casa Hausarbeiten

guisar kochen

ponerse en relaciones con sich anfreunden mit
trabajador fleißig
una regular hacienda ein mittelgroßer Hof

ras del pueblo y pusieron allí una pequeña granja con gallinas, cerdos y vacas. La granja quedó casi enteramente en manos de Leonor mientras que su marido se ocupaba del cultivo de algunas tierras de cereal y regadío que había heredado de sus padres.

granja *f Farm*

cultivo *m Bebauung, Pflege*
cereal *m Getreide*
regadío *m Bewässerung*
heredar *erben*

Un día estaba Leonor dando de comer a las gallinas cuando vio acercarse a Cristóbal.

— ¡Leonor! ¿Sabes quién está ahí? ¡La Enriqueta, la del tío Felipe! Ha venido a pasar unos días en el pueblo.

Leonor dejó caer de un golpe el trigo que llevaba en el delantal, ante la sorpresa de las gallinas que se pusieron a picotear muy contentas. En los tres últimos años Leonor apenas había tenido noticias de Enriqueta; alguna carta al principio, luego recuerdos a través de los vecinos que habían estado en Madrid y la habían visto. Con gran alegría contestó a su marido:

trigo *m Weizen*
delantal *m Schürze*

picotear *picken*

recuerdos *m/pl. Grüße*

— ¡Qué sorpresa! ¿Cómo está?

— Uy, parece una señorita. Ya verás. Ven, te está esperando en casa.

Leonor corrió hacia la casa, seguida de Cristóbal, y abrazó tumultuosamente a su amiga de la infancia. Luego se separó un poco para mirarla.

tumultuoso *stürmisch*
infancia *f Kindheit*

Enriqueta parecía verdaderamente una señorita. Llevaba un vestido rojo de seda, muy bonito, zapatos de tacón alto y un peinado muy moderno. Tenía el cutis más blanco y más fino que cuando salió del pueblo; iba además cuidadosamente pintada y empolvada. Cuando salu-

tacón *m Absatz*
peinado *m Frisur*
cutis *m Teint, Haut*

pintado *geschminkt*
empolvado *gepudert*

dó su voz y su forma de hablar eran también diferentes; ya no hablaba como los del pueblo, sino como los madrileños. Leonor empezó a sentirse intimidada ante su antigua amiga y para disimular su embarazo la invitó a ver la granja y los animales.

madrileño *Madrider*
intimidado *eingeschüchtert*
disimular *verbergen*
embarazo m *Verlegenheit*

La visita a la granja no fue ningún éxito. Las gallinas de raza y los pollitos no parecieron interesar mucho a Enriqueta; en las cochiqueras se quejó del mal olor y demostró miedo ante las pacíficas vacas. Leonor le propuso entonces ir a la huerta pero Enriqueta declinó la invitación diciendo que se le estropearían los zapatos. En vista de ello Leonor sugirió que se sentara a la sombra de la parra mientras ella iba a buscar unas magdalenas y una botella de vino dulce para obsequiarla. Esto ya le pareció mejor a Enriqueta, que se sentó en un banco después de limpiarlo cuidadosamente con el pañuelo.

éxito m *Erfolg*

cochiquera f *Schweinestall*
quejarse de u/c. *sich über über etw. beklagen*
pacífico *friedlich*
huerta f *Obst- und Gemüsegarten*
declinar *ablehnen*
sugerir *vorschlagen*
a la sombra *in den (im) Schatten*
parra f *Weinlaube*
magdalena f *spanisches Gebäck*
obsequiar *bewirten*

Leonor entró en la casa, encontró allí a su marido y desahogó con él su indignación.

desahogar *Linderung verschaffen*
indignación f *Empörung, Entrüstung*

— Oye, Cristóbal, ¿has visto qué idiota se ha puesto la Enriqueta? ¡Qué humos!

— Mujer — dijo Cristóbal apaciguador — es que en la capital . . .

¡qué humos! *wie hochnäsig!*
apaciguador *beruhigend, besänftigend*

— ¡Qué capital ni qué nada! Enriqueta se ha criado en el pueblo, igual que nosotros, y ahora no hace más que decir: "Qué mal huelen los cerdos", "El barro me estropea los zapatos" y para sentarse en el banco de la parra lo limpia primero con el pañuelo. ¡Como si yo no lo tuviera siempre limpio! No, conmigo no le

barro m *Schlamm*

¡conmigo no le valen esos aires! *mir kann sie damit nicht kommen!*

valen esos aires. Ya verás, voy a darle una lección.

— ¿Una lección? ¿Qué lección? — dijo Cristóbal aprensivo, porque conocía el carácter decidido de su mujer.

dar una lección *eine Lehre erteilen*
aprensivo *ängstlich, erschrocken*

— Ahora mismo voy al corral a soltar el chivo.

corral m *Hof*

— ¿El chivo? — repitió el muchacho asustado.

asustado *erschrocken*

El chivo era un animal de carácter extremadamente belicoso. Tenían que tenerlo siempre encerrado porque en cuanto estaba suelto embestía contra todo lo que se le ponía por delante, fuera animal o persona.

belicoso *angriffslustig*

embestir contra *losgehen auf, angreifen*

— Pero mujer, no hagas eso . . . ¿Y si le hace daño?

— ¡Qué va! Ya verás como sale corriendo la Enriqueta en cuanto le vea, a pesar de sus tacones. Si la conoceré yo; era la que más corría de la escuela.

hacer daño a alg. *jem. wehtun, Schaden zufügen*

De nada sirvieron los argumentos de Cristóbal; Leonor se dirigió al corral, abrió la puerta, y el chivo, que estaba masticando sin mucho interés un manojo de hierba seca, se apresuró a buscar la libertad y salió al jardín. Lo primero que vieron sus ojos fue el vestido rojo de Enriqueta, que se había levantado del banco para coger unas uvas de la parra, y aquel color despertó sus peores instintos. Resoplando y arañando el suelo con las patas delanteras se dispuso a cargar sobre el enemigo.

masticar *kauen*
manojo m *Bündel*
hierba f *Gras*

resoplar *schnauben*
arañar *kratzen*
pata f delantera *Vorderpfote*
cargar sobre alg. *jem. angreifen*

En aquel momento Enriqueta levantó los ojos y vio al chivo. Como buena campesina reconoció inmediatamente los síntomas y el peligro; de chica había tenido que huir muchas veces de animales parecidos.

campesina f *Landbewohnerin, Bäuerin*

Así que no se detuvo a pensar; recogiéndose la falda estrecha para correr mejor y olvidándose de los zapatos de tacón salió a toda velocidad hacia el árbol frutal más próximo y en un abrir y cerrar de ojos se había encaramado en él. Cuando el chivo llegó, el vestido rojo que provocara su indignación estaba ya fuera de su alcance. Tristemente cambió de ruta y se fue a mordisquear unos rosales.

Leonor, que había contemplado la escena con regocijo, se aproximó entonces al árbol diciendo:

— Vaya, Enriqueta, menos mal que no se te ha olvidado correr. Y tampoco se te ha olvidado subirte a los árboles.

Enriqueta, desde el árbol, miró a Leonor y al observar su expresión maliciosa comprendió que el incidente del chivo no había sido casual. Estuvo a punto de enfadarse pero luego lo pensó mejor y soltó una ruidosa carcajada.

Y allí terminaron las diferencias entre las dos amigas. Durante los días que estuvo Enriqueta en el pueblo se pasó casi todo el tiempo en casa de Leonor, charlando de mil cosas, ayudándole a dar de comer a los animales y a coger la fruta madura de los árboles. El vestido de seda y los zapatos de tacón cedieron el puesto a un vestido de cretona y unas alpargatas. Al separarse, prometiendo verse pronto de nuevo, Leonor y Enriqueta sabían que a pesar de la distancia y la diferencia de ambiente seguirían siendo amigas para siempre.

recogerse *raffen, hochziehen*

árbol m frutal *Obstbaum*
en un abrir y cerrar de ojos *im Nu*
encaramarse *hinaufklettern*

fuera de alcance *außer Reichweite*
mordisquear *knabbern*
rosal m *Rosenstrauch*

regocijo m *Genuß, Vergnügen*

malicioso *boshaft, schadenfroh*
casual *zufällig*
estar a punto de *im Begriff sein zu*
enfadarse *sich ärgern*
soltar una carcajada *laut loslachen*

charlar *plaudern*

cretona f *Kretonne*
alpargata f *Hanfschuh*

ambiente m *Milieu, Umgebung, Umwelt*

Las cartas misteriosas

Juan Garrido y su mujer, Ana, eran una pareja feliz. Se querían profundamente, sus gustos y aficiones eran semejantes, gozaban de una posición desahogada y ambos estaban muy orgullosos de sus hijos: Juanito, de 15 años, Paloma, de 12 y el pequeño Fernando (llamado "Fefé") de 5. Sin embargo en los últimos tiempos la cara siempre alegre y animada de Ana se había ensombrecido algo, estaba nerviosa y preocupada, hasta tal punto que su marido lo advirtió y decidió preguntarle qué es lo que le pasaba. Escogió para ello un día en que los niños habían salido y el matrimonio se encontraba solo en casa.

Al principio Ana no parecía dispuesta a confiar a su marido la causa de su preocupación; al fin, ante la insistencia de él, confesó:

— Estoy muy preocupada con Juanito.

— ¿Juanito? ¿Qué le pasa a Juanito? — dijo Juan asombrado.

— ¿No has notado tú nada?

— ¿Yo? ¡Nada!

— Claro, los hombres no os fijáis en esas cosas. Estáis pensando todo el tiempo en la oficina, en las noticias del periódico, en el fútbol ... Pero una madre ...

— Bueno — interrumpió Juan impaciente — pero ¿quieres decir de una vez qué es lo que pasa?

— Desde hace unos días Juanito se

afición *f* *Steckenpferd*
gozar de *genießen, innehaben*
desahogado *wohlhabend*

ensombrecido *verdüstert*

advertir *bemerken*
escoger *auswählen*

al fin *endlich, schließlich*
insistencia *f* *Drängen*

fijarse en a/c. *etw. bemerken*

porta de una manera muy extraña.

— ¿Pues qué hace?

— En primer lugar recibe unas cartas misteriosas. Siempre está espiando la llegada del cartero y cuando recibe una carta se encierra en su habitación para leerla.

— Bueno — Juan parecía aliviado — eso no tiene nada de particular. Juanito tiene 15 años; a lo mejor ha empezado a tontear ya con una chica y recibe cartas de ella . . . Cosas de la edad.

Sin embargo Ana no pareció quedar convencida con esta explicación y continuó enumerando las rarezas de Juanito.

— No es sólo eso. El otro día le sorprendí por el pasillo, muy alterado, moviendo los brazos, dando saltos y haciendo unas cosas muy extrañas. Yo ya no sé qué pensar. ¡Le he dado tantas vueltas a la cabeza! Esas cartas le trastornan.

El padre quedó pensativo. Realmente lo que contaba su mujer era para preocupar; Juanito había sido siempre un chico normal y equilibrado. Aunque se hubiera enamorado de una colegiala resultaba difícil creer que el amor le hiciera gesticular y dar saltos. ¿Qué cartas recibía su hijo? Con un estremecimiento le vinieron a la memoria los muchos artículos que había leído en el periódico sobre la delincuencia juvenil y se imaginó a su hijo amenazado o sometido a un chantaje por un "gang" de adolescentes. Estos pensamientos le impulsaron a tomar una decisión inmediata.

— Esto voy a arreglarlo yo muy

---

portarse *sich verhalten*

espiar *lauern auf*
cartero *m Briefträger*

aliviado *erleichtert*

tontear con una chica *mit einem Mädchen flirten*

pasillo *m Korridor*
alterado *aufgeregt*
dar saltos *hüpfen, Sprünge machen*

dar vueltas a la cabeza *sich den Kopf zerbrechen*
trastornar *verwirren, durcheinanderbringen*

equilibrado *ausgeglichen*
colegiala *f Mitschülerin*

gesticular *gestikulieren*

estremecimiento *m Schauder*

delincuencia *f juvenil Jugendkriminalität*

chantaje *m Erpressung*
"gang" *m Gang, Verbrecherbande*

pronto — dijo a su mujer — Ahora que está Juanito fuera de casa vamos a su cuarto y buscaremos esas cartas misteriosas.

— Pero Juan — dijo Ana asustada, pues conocía el carácter independiente del chico — Si él se entera . . . — En un caso así un padre tiene derecho a leer las cartas de su hijo. Ven conmigo.

Juntos entraron en el cuarto de Juanito, un cuarto claro y alegre, con las paredes cubiertas de banderines y de fotografías de futbolistas. — Busca tú en la mesilla de noche — dijo Juan a su mujer — Yo buscaré en el escritorio.

En el primer cajón del escritorio no había ninguna carta; solamente dos bolígrafos, un trozo de goma de borrar, una entrada de cine usada, una ficha de dominó y un calendario del año anterior. En el segundo cajón el resultado fue igualmente desilusionante. Por fin abrió Juan el tercer cajón, que estaba todo lleno de recortes de artículos de periódicos deportivos y de fotografías. Al levantar estos papeles descubrió Juan un paquete de cartas. Con manos casi temblorosas las sacó del cajón y las examinó por fuera. Había unas ocho, metidas en sobres azules, de tipo comercial. El nombre y la dirección estaban escritos a máquina.

Juan se quedó un momento con las cartas en la mano, sin saber qué hacer. Aunque su hijo era todavía un niño le molestaba íntimamente leer su correspondencia. Sin embargo acordándose de sus temores y del extraño efecto que las cartas ha-

asustado *erschrocken*

enterarse de a/c *etw. erfahren*

banderín m *Fähnchen*

mesilla *f* de noche *Nachttisch*

escritorio m *Schreibtisch*
cajón m *Schublade*
bolígrafo m *Kugelschreiber*
entrada *f* de cine *Kinokarte*
ficha *f* de dominó *Dominostein*

desilusionante *enttäuschend*

recorte m *Ausschnitt*

tembloroso *zitternd*

carta *f* de tipo comercial *Geschäftsbrief*

molestar *stören*

bían hecho en su hijo se decidió a sacar una del sobre. Una mirada al membrete, un momento de sorpresa y luego ... luego soltó una sonorísima carcajada.

Ana, que había estado entretenida registrando el contenido de la mesilla de noche, se volvió asustada. Allí estaba su marido, de pie delante del escritorio, con una carta en la mano y riéndose a mandíbula batiente.

— ¡Pero Juan! — dijo la pobre — ¿Es que te has vuelto loco tú también? ¡Dime lo que pasa!

— ¡Ven aquí! ¡Mira! — contestó Juan, mientras se secaba las lágrimas que le corrían de tanto reírse, y le puso a Ana la carta delante de los ojos.

En el ángulo izquierdo se veía la fotografía de cuerpo entero de un hombre exageradamente musculoso; tenía las piernas separadas y los brazos doblados para exhibir mejor unos bíceps verdaderamente sorprendentes. Al lado, en grandes letras rojas, ponía: "Método Hércules por correspondencia. Músculos en pocas semanas". Más abajo y en letra más pequeña y negra podía leerse: "Lección primera. Camine usted rítmicamente por el pasillo de su casa y flexione brazos y piernas cada tres pasos, según se indica en el diseño adjunto ..."

El misterio de las rarezas de Juanito quedaba aclarado. El chico había crecido muy de prisa, estaba delgado, y sin duda envidiaba a sus compañeros más musculosos. El método Hércules por correspondencia, a base de ejercicios sin apara-

membrete *m Briefkopf*
soltar una carcajada *laut loslachen*

registrar *durchsuchen*
volverse *sich umdrehen*

reírse a mandíbula batiente *schallend lachen*

ángulo *m Ecke*

doblado *angewinkelt*
bíceps *m Oberarmmuskel*

por correspondencia *im Fernlehrgang*

caminar *gehen, schreiten*

flexionar *beugen*

diseño *m Zeichnung*

delgado *mager*
envidiar a alg. *jem. beneiden*

ejercicio *m Übung*

tos, le había parecido ideal y sin duda soñaba con sorprender a sus camaradas en pocas semanas con músculos como los del hombre de la fotografía.

Ana sintió un alivio tan grande que casi se echó a llorar.

— ¡Juan! ¡Gracias a Dios! — exclamó.

— ¿Sabes lo que te digo? — opinó su marido — No le vamos a decir nada a Juanito de estas cartas, pero así, como quien no quiere la cosa, voy a proponerle que se inscriba en un buen gimnasio. Al fin y al cabo es muy bueno para la salud.

. . . .

Cuando Juanito volvió aquella noche a casa quedó encantado ante la — para él inesperada — oferta de su padre: a partir de la semana siguiente iba a matricularle en el gimnasio mejor y más caro de la ciudad.

como quien no quiere la cosa *so ganz nebenbei*
inscribirse en *sich anmelden in*
gimnasio *m* Turnhalle, Turnverein

encantado *entzückt*

En la verdulería

Doña Amparo (Entrando en la tienda) Buenos días, señora Encarna.

Sra. Encarna Buenos días, Doña Amparo. Temprano sale usted hoy a la compra.

Doña Amparo Sí, he salido tempranito, porque si no ya sabe usted lo que pasa: el tiempo vuela, llega la hora de comer y nada está preparado.

Sra. Encarna Sí, sí, eso es verdad.

Doña Amparo Y luego los hombres, ya sabe usted, tienen poca paciencia. No se dan cuenta del mucho trabajo que tiene una ama de casa.

Sra. Encarna Y que lo diga usted, Doña Amparo. Acisclo, mi difunto, que en paz descanse, era muy bueno, pero tenía un genio que ya, ya.

Doña Amparo ¡Pobre señora Encarna!

(Durante la conversación van entrando otros compradores en la tienda)

Sra. Encarna Bien, Doña Amparo, ¿y qué le pongo a usted hoy?

Doña Amparo Pues no sé . . . Voy a mirar un poco... ¿Son tiernas estas judías verdes?

Sra. Encarna Sí, señora, tiernísimas. Se le cuecen a usted en diez minutos.

Doña Amparo Es que si no son tiernas, mi hija Rosita, la peque-

---

verdulería *f* Obst- und Gemüseladen

tempranito *sehr früh*

ama *f* de casa *Hausfrau*

difunto *m* *verstorbener Gatte*
genio *m* *Launen*
que en paz descanse *möge er in Frieden ruhen*

tierno *zart*
judía *f* verde *Brechbohne*

cocer *kochen*

ña, ¿sabe usted? ya no las quiere. ¡Es más delicada!

Sra. Encarna Sí, estos jóvenes de hoy día son muy delicados. Cuando yo era joven comía lo que me daban, y si hacía melindres mi madre me mandaba a la cama sin cenar.

Doña Amparo Ay, señora Encarna, antes se educaba mejor a los hijos. Ahora los padres somos demasiado blandos con ellos.

Sra. Encarna Y luego pasa lo que pasa. Bueno, ¿Cuántas judías le pongo a usted?

Doña Amparo Mm... Dos kilos.

Sra. Encarna (Mientras pesa las judías) ¿Y cómo va su reúma, Doña Amparo?

Doña Amparo Ay, regular. Tengo unos dolores terribles y paso muchas noches en blanco. El otro día fui al médico y me recetó más píldoras. Píldoras, siempre píldoras, y lo que yo digo, para lo que sirven...

Sra. Encarna Sí, cuantas más medicinas toma una, peor. Mi pobre difunto, que en paz descanse...

Señor (Interrumpiendo) Oiga usted, ¿no le parece que ya está bien de conversación? Llevo un cuarto de hora esperando y estas señoras lo mismo.

Doña Amparo ¡Qué grosero! Ha de saber que todavía no he terminado. Necesito un kilo de naranjas, dos de peras, una lechuga, zanahorias y un kilo de cebollas.

Sra. Encarna Yo no tengo más que dos manos y dos pies y no

delicado *anspruchsvoll, schwierig*

hacer melindres *sich anstellen*

blando *nachgiebig*

reúma m *Rheuma*

regular *wie immer*

pasar una noche en blanco *eine schlaflose Nacht verbringen*
recetar *verschreiben*
píldora f *Pille*

y lo que yo digo *ich frage mich*

grosero m *Grobian, unhöflicher Mensch*

lechuga f *Kopfsalat*
zanahoria f *Mohrrübe*
cebolla f *Zwiebel*

puedo atender a todo el mundo al mismo tiempo. ¡Qué barbaridad! ¡Ya podía usted tener más paciencia! Ni que fuera a coger un tren ...

atender a alg. *jem.* bedienen

¡ni que fuera a coger un tren! *als ob Sie einen* **Zug erwischen müßten!**

La caída

Cuando los compañeros hablaban de Pablo Salgado decían siempre: "Sí, es muy buen chico, pero .. " y este "pero" le costaba a Pablo muy caro. Cuando los demás iban a tomar un café o un aperitivo rara vez le pedían que les acompañara; si se entablaba una discusión sobre fútbol, cine o toros él quedaba al margen de la conversación; tampoco era invitado a los "guateques" que los más jóvenes celebraban en su casa o en casa de los amigos. A pesar de que llevaba ya más de un año trabajando en la Empresa, Pablo seguía siendo para los compañeros un extraño, tolerado pero no aceptado.

Pablo era lo que se llama "un chico modelo". Había hecho la carrera de Ciencias Políticas y Económicas con excelentes notas; ahora era muy apreciado por los jefes de la Empresa. Era puntual, diligente, formal y ordenado. Desgraciadamente sus muchas virtudes quedaban deslucidas por algunos defectos. Era demasiado serio para su edad, algo pedante y pagado de sí mismo. Las madres de hijas casaderas le adoraban y le consideraban un gran partido; las hijas se aburrían con él.

Un día iba Pablo por la Gran Vía de Madrid cuando, de repente, un joven de su edad que iba en dirección contraria se detuvo con una exclamación y le saludó efusivamente:

caída *f Sturz, Fall, Fehltritt*

costar caro *teuer zu stehen kommen*

entablar una discusión *eine Unterhaltung beginnen*
quedar al margen de *nicht teilnehmen an, ausgeschlossen bleiben von etw.*
guateque *m Party*

extraño *m Außenseiter*
tolerado *geduldet*

chico modelo *Musterknabe*
carrera *f de Ciencias Políticas y Económicas Studium der Volkswirtschaft*

diligente *fleißig*
formal *zuverlässig, solide*
deslucido *glanzlos*
defecto *m Fehler*

pagado de sí mismo *selbstgefällig, eingebildet*
partido *m Partie*
aburrirse *sich langweilen*

efusivo *herzlich*

45

— ¡Chico! ¡Renacuajo! ¿Cómo estás?

A Pablo hacía muchos años que nadie le llamaba "Renacuajo"; ése era el apodo que había tenido en el Instituto, cuando estudiaba el Bachillerato. Miró más detenidamente a su interlocutor y le reconoció. Era Santi, un compañero de clase.

— ¡Santi! ¡Pero chico, qué sorpresa!

Se abrazaron efusivamente.

— Hombre, ¿de dónde sales? Hace años que no te veo — continuó Pablo — No vives en Madrid, ¿verdad?

— No, vivo en Valencia. Estudié allí Derecho; terminé la carrera hace cuatro años. Ahora estoy de pasante con un buen abogado. ¿Y qué haces tu? ¿Cómo te va?

Pablo empezó a hablarle de sus estudios y del empleo que tenía, pero estaba lloviznando y el viento del Guadarrama cortaba como un cuchillo, así que Santi le propuso entrar en una cafetería. Allí cerca había precisamente una, brillante y acogedora, a la que se dirigieron. Ocuparon una mesa algo apartada y ante unos aperitivos servidos por una camarera coquetonamente vestida de azul se pusieron a charlar con renovado entusiasmo. Santi dijo que tenía novia, contó como la había conocido y sacó su retrato de la cartera para enseñárselo a su antiguo amigo; Pablo, que en el terreno sentimental no podía competir con él, le habló de su trabajo, de los jefes y de los compañeros que tenía.

Terminada la primera copa los amigos pidieron otra y pasaron a recordar sus años de Instituto. Uno a uno fueron nombrando a todos los

renacuajo *m Kaulquappe*

apodo *m Spitzname*
Instituto *m Gymnasium*
bachillerato *m Abitur*
detenido *ausführlich, genau*
interlocutor *m Gesprächspartner*

abrazarse *sich umarmen*

¿de dónde sales? *Wo kommst du her?*

Derecho *m Jura*
pasante *m Referendar*

lloviznar *nieseln*
Guadarrama *Bergkette bei Madrid*
cortar como un cuchillo *(messer)scharf sein*

acogedor *gemütlich*

renovado *erneut*
novia *f Braut, Verlobte*
retrato *m Bild, Photo*

copa *f Glas*

profesores, evocando su aspecto físico y sus pequeñas manías. El profesor de matemáticas llevaba siempre un sombrero grasiento, una chaqueta llena de manchas y llamaba "berzotas" al desgraciado alumno que no lograba demostrar un teorema. El de latín miraba siempre por encima de las gafas y cuando se entusiasmaba hablaba de "Don Júpiter" y de "Doña Venus" como si se tratara de viejos amigos o vecinos. El de Historia era joven e iba extraordinariamente acicalado, luciendo siempre la última moda. El de francés era un pobre hombre con los puños de la camisa remendados a quien ningún chico tomaba en serio. El de química tenía el pelo rojo y un genio de todos los demonios.

La camarera vestida de azul pasó cerca de su mesa y los dos amigos aprovecharon para pedir otra copa mientras seguían evocando las travesuras de antaño. Santi recordó el día en que un ayudante estaba proyectando unas diapositivas de arte; aprovechándose de la oscuridad los chicos se habían ido metiendo uno a uno debajo de los pupitres y cuando se encendió la luz no podía verse en la sala ni a un solo alumno. Pablo trajo a colación la aventura del lagarto. Un chico había llevado al Instituto un lagarto vivo metido en una caja de cartón con agujeritos para que el animal respirase; en un descuido el lagarto se había escapado y logró esconderse tan bien que los chicos no pudieron encontrarlo. Al día siguiente, durante la clase de dibujo, el animal, abu-

evocar *heraufbeschwören*
manía *f Eigenart*

grasiento *fettig*
mancha *f Flecken*
berzotas *m Dummkopf*
demostrar un teorema
    Lehrsatz beweisen

gafas *f/pl. Brille*

acicalado *feingemacht*

puños *m/pl. Manschetten*
remendado *geflickt*
tomar en serio *ernst nehmen*
genio *m* de los demonios
    teuflische Launen

aprovechar *Gelegenheit wahrnehmen*
travesura *f Streich*
antaño *damals*

pupitre *m Schreibpult, Schulbank*

traer a colación *in Erinnerung bringen*
lagarto *m Eidechse*
agujero *m Loch*
respirar *atmen*
en un descuido *in einem unbeobachteten Augenblick*
escaparse *sich davonmachen*
esconderse *sich verstecken*
clase *f* de dibujo *Zeichenunterricht*

rrido sin duda, salió de su escondite y para estirar las patas empezó a trepar por una pierna del profesor. Este dio tal salto al descubrirle que tiró el pedestal con el busto de Cervantes que servía de modelo; Cervantes se hizo añicos y la clase entera se quedó aquel día sin recreo.

Con estas reminiscencias el tiempo había ido pasando. Era casi la una de la mañana, el público había disminuído notablemente en la cafetería y las camareras empezaban ya a recoger las cosas, preparándose para cerrar. Pablo y Santi pagaron las muchas copas que entretanto habían bebido y del mejor humor salieron a la calle.

La lluvia había cesado; el cielo estaba estrellado y hacía mucho frío. Los dos amigos se cogieron del brazo y empezaron a cantar una canción de sus años escolares; el texto no era precisamente muy poético. Decía: "Mi barba tiene tres pelos, tres pelos tiene mi barba, si no tuviera tres pelos, ya no sería mi barba". La canción se repetía varias veces, sustituyendo cada vez una palabra por el gesto apropiado. Pablo y Santi encontraron la canción divertidísima y así, cantando, gesticulando y riéndose avanzaron calle abajo.

De una calle lateral salió de repente un guardia que avanzó hacia ellos con aire reprobador.

— Oigan, oigan, — amonestó — ¿Les parece que son éstas horas de andar gritando y cantando por la calle?

Los dos amigos se pararon. Si hubieran obrado con prudencia ha-

esconaite *m Versteck*
estirar las patas *die Beine ausstrecken*
trepar *klettern*
tirar (um)*werfen*
pedestal *m Fußgestell*
busto *m Büste*
hacerse añicos *in tausend Stücke zerbrechen*
recreo *m Pause*
reminiscencia *f Erinnerung*

recoger las cosas *abräumen*

cogerse del brazo *sich unterhaken*

sustituir *ersetzen*

divertido *unterhaltend*

calle *f* lateral *Seitenstraße*

reprobador *vorwurfsvoll*
amonestar *ermahnen*

brían callado y seguido su camino, pero las muchas copas que habían bebido estaban surtiendo su efecto. Ambos se sentían ligeros, felices y totalmente irresponsables. La cara seria del guardia les pareció tremendamente cómica.

— Oye, Renacuajo — dijo Santi — mira este tipo. ¿Verdad que es igualito que el "Orangután", el profesor de gimnasia?

— Sí, sí — contestó Pablo con entusiasmo — Parecen hermanos gemelos. ¡Un orangután! — continuó riéndose — ¡Un verdadero orangután! ¡O mejor aún, un hombre de las cavernas!

La cara del guardia se puso roja de indignación al oirse llamar orangután y hombre de las cavernas.

— Conque orangután, ¿eh? — dijo rabioso — Eso es un desacato a la autoridad. Hagan el favor de venir conmigo a la Comisaría.

En vano protestaron Pablo y Santi. El guardia, inflexible, les condujo a la Comisaría más cercana y allí les encerró en un calabozo en espera de que llegara el Comisario por la mañana.

Fue una noche bastante incómoda para los dos amigos. Trataron de acomodarse en los bancos y dormir, pero los bancos eran duros y hacía mucho frío. A las cuatro de la mañana se abrió la puerta y metieron en el calabozo a un nuevo prisionero: un vagabundo borracho que apestaba a vino barato y que estuvo cantando y murmurando entre dientes hasta que se hizo de día.

surtir efecto *wirken*

tremendo *furchtbar*

tipo m *Kerl, Typ*
orangután m *Orang-Utan*

gemelo m *Zwilling*

hombre m de las cavernas *Höhlenmensch*

indignación f *Empörung*

rabioso *wütend*
desacato m a la autoridad *Beamtenbeleidigung*
Comisaría f *Polizeirevier*
inflexible *unerbittlich*

encerrar *einsperren*
calabozo m *Zelle*

acomodarse *es sich bequem machen*

borracho *betrunken*
apestar a *stark riechen nach*

A las ocho de la mañana un guardia abrió la puerta y les condujo a un despacho. Un señor con gafas sentado detrás de una mesa les pidió las tarjetas de identidad y después de examinarlas cuidadosamente se las devolvió diciendo que podían irse a su casa. Esperaba — añadió — que la noche pasada en el calabozo les sirviera de escarmiento. Si volvía a repetirse lo de la noche anterior las consecuencias podían ser mucho más serias.

tarjeta *f* de identidad
Personalausweis

escarmiento *m abschrek-*
kendes Beispiel, Lehre

Pablo y Santi escucharon la filípica con toda humildad. Estaban cansados, ojerosos, con la barba crecida, deseando irse a casa, darse un baño y afeitarse. Mohinos salieron del despacho y se dirigieron a la puerta de la calle, donde tuvieron que echarse a un lado para dejar entrar a un señor que se los quedó mirando con curiosidad. A Pablo su cara le resultó vagamente conocida, pero estaba demasiado preocupado en aquel momento despidiéndose de su amigo y buscando un taxi para pensar más en ello.

filípica *f hier: Stand-*
pauke
humildad *f Demut*
ojeroso *mit Ringen unter*
den Augen
afeitarse *sich rasieren*
mohino *verdrossen*

Cuando llegó a su pensión un rato más tarde la patrona le miró con mudo reproche. Pablo había sido siempre un huésped modelo y resultaba inaudito verle llegar a casa por la mañana sin afeitar, con la corbata torcida y la chaqueta arrugada. El pobre al notar la mirada casi no se atrevió a decir "buenos días" y dirigiéndose al teléfono llamó a la Empresa para poner un resfriado como excusa de su ausencia. Después se encerró en su cuarto, se quitó los zapatos y se tumbó sobre la cama.

mudo *stumm*
reproche *m Vorwurf*

inaudito *unerhört*

torcido *schief sitzend,*
verdreht
arrugado *zerknittert*

resfriado *m Erkältung*

tumbarse *sich legen*

Con los ojos cerrados fue repasando mentalmente los incidentes de la noche anterior, desde su encuentro con Santi hasta la salida de la Comisaría. Y en aquel momento, horrorizado, se dio cuenta de donde había visto anteriormente al señor que se cruzó con ellos en la puerta. Era el hermano de un compañero de trabajo y le había visto varias veces; incluso creía recordar que les habían presentado una vez de pasada. Era policía de profesión.

repasar *vorüberziehen*

Un sudor frío empezó a bañar el cuerpo del pobre Pablo. Ahora estaba todo perdido. Al policía le faltaría tiempo para contarle a su hermano las circunstancias de su detención y la historia correría pronto de boca en boca. ¿Qué iba a ser de él? ¿Qué pensarían sus compañeros? ¡El, el empleado modelo, el hombre intachable, detenido toda una noche en la Comisaría por embriaguez y desacato a la autoridad!

sudor m *Schweiß*

correr de boca en boca *von Mund zu Mund gehen*

intachable *tadellos*

embriaguez f *Trunkenheit*

Al día siguiente, cuando no tuvo más remedio que presentarse de nuevo en su trabajo, entró en la Empresa con la cabeza baja y los ojos clavados en el suelo. Al cruzarse con uno de sus compañeros en el pasillo apenas se atrevió a saludarle; éste sin embargo lo hizo cordialmente y, cosa inaudita, le dio un amistoso golpecito en la espalda. Lo mismo le pasó con todos los demás. Uno le guiñaba el ojo con simpatía, el otro le llamaba "picarón", el de más allá le ofrecía un cigarrillo. Cuando llegó la hora de ir a tomar café le instaron cordialmente a ir con ellos y Enrique Castro, un in-

clavado *genagelt, geheftet*

guiñar el ojo *zwinkern*
picarón m *Filou*

instar *drängen*

geniero joven, le invitó a una fiesta que iba a dar en su casa el domingo.

Pablo fue a la fiesta y lo pasó admirablemente. Había una veintena de chicos y chicas, un buffet frío, sangría a discreción y un tocadiscos con los últimos discos de música moderna. Pablo aprendió a bailar unos bailes rarísimos que no había bailado en su vida, charló y rió con los demás y a última hora se encontró incluso contando a un grupo de oyentes interesados los incidentes cómicos de la noche de su detención.

A partir de entonces fue completamente aceptado y no le faltaron las invitaciones. Aquella única e inocente caída había quitado a Pablo para siempre su aire distante y estirado de joven perfecto.

pasarlo admirablemente *sich großartig amüsieren*
veintena *f zwanzig Stück, Personen*
buffet *m* frío *kaltes Büfett*
sangría *f Art Bowle aus Rotwein, Tafelwasser, Zucker, Zitrone, Pfirsichen etc.*
a discreción *in Hülle und Fülle*
tocadiscos *m Plattenspieler*
charlar *plaudern*

distante y estirado *unnahbar und steif*

Eduardo y el dentista

Aunque Eduardo Cortinas era un hombre como un castillo tenía una debilidad: un miedo invencible a los dentistas, que arrastraba desde la infancia. Afortunadamente su buena dentadura le había mantenido alejado de ellos durante muchos años, pero un buen día, sin saber cómo ni por qué, se levantó con un formidable dolor de muelas. Le dolía todo un lado de la cara, hasta el ojo, y tenía el carrillo hinchado, de tal forma que visto de perfil parecía haber engordado por lo menos 10 kilos.

Como primer remedio Eduardo se tomó dos pastillas calmantes, esperando que con su ayuda el dolor y la hinchazón desaparecieran como habían venido, pero aunque las pastillas le aliviaron momentáneamente un par de horas después los dolores volvieron con fuerza renovada. Pasó una mañana malísima; en la oficina no pudo trabajar y el jefe y sus compañeros a coro le recomendaron que fuera cuanto antes al dentista. La palabra fatal "dentista" evocó en Eduardo una serie de imágenes terroríficas: el sillón blanco y niquelado, el torno, las inyecciones, la vitrina llena de instrumentos y entre ellos las tenazas para sacar las muelas ... Se tomó otras dos pastillas, decidido a resistir, y consiguió terminar más o menos normalmente su jornada de trabajo.

hombre como un castillo *ein großer, starker Mann*
debilidad *f Schwäche*
invencible *unüberwindlich*
arrastrar *schleppen hier: nicht verloren, abgelegt haben*
dentadura *f Zahnreihe, Zähne*
alejado *entfernt*
formidable *schrecklich*
muela *f (Backen)zahn*
carrillo *m Backe*
hinchado *geschwollen*
de perfil *von der Seite, im Profil*
engordar *zunehmen*

pastilla *f calmante Schmerztablette*
hinchazón *f Schwellung*
aliviar *lindern*

a coro *im Chor, alle*

evocar *heraufbeschwören*
imagen *f terrorífica Schreckensbild*
niquelado *vernickelt*
torno *m Bohrer*
inyección *f Spritze*
tenaza *f Zange*

No había contado sin embargo con Asunción, su mujer. Tras una noche en blanco, durante la cual ninguno de los dos pudo dormir, él de dolor y ella de preocupación, llamó por teléfono a un conocido dentista y anunció la visita de su marido para primera hora de la mañana. Eduardo intentó todavía evadirse, pero no consiguió nada. Su mujer, que era muy enérgica, le aseguró que no toleraba a un hombre cobarde y que si se negaba a ir al dentista era capaz de marcharse a casa de su madre. Viendo lo serias que se ponían las cosas, Eduardo tuvo que claudicar y poco más tarde se presentaban los dos en casa del dentista. Asunción no había querido dejarle ir solo, temerosa de que en el último momento le flaqueara el ánimo.

noche f en blanco *schlaflose Nacht*

evadirse *sich drücken*

cobarde *feige*

claudicar *aufgeben*

flaquear *nachlassen*
ánimo m *Mut*

Una enfermera muy linda, vestida de blanco, les abrió la puerta y les pasó a un salón donde había ya cuatro personas sentadas en unos sillones de estilo Luis XV (que no tendrían, sin embargo, más de 20 años de antigüedad), de aspecto un tanto incómodo. Eduardo se alegró interiormente al ver que tendrían que esperar un buen rato; el torno y las tenazas no eran todavía inmediatos. Con curiosidad observó a sus compañeros de desgracia y se sorprendió al ver lo tranquilos que estaban. Una señora de edad hacía punto, como si estuviera en su casa; un señor con gafas parecía absorto en la lectura de una revista; dos chicas jóvenes charlaban en voz baja y se reían sin la menor preocupa-

lindo *nett, zierlich*

rato m *Weile, Augenblick*

compañero m de desgracia *Leidensgenosse*

hacer punto *stricken*
absorto en *vertieft, versunken in*

ción. Eduardo empezó a reprocharse su cobardía; verdaderamente era ridículo tener miedo del dentista. Cogiendo una revista de dos meses atrás se puso a leer el acostumbrado comadreo sobre príncipes, princesas y millonarios mientras su mujer ojeaba interesada una revista de modas.

cobardía f Feigheit

comadreo m Klatsch

ojear einen Blick werfen in

Poco a poco fueron pasando las personas que le precedían; llegaba el turno de Eduardo, que serenado con la lectura de la revista y con el ambiente tranquilo que le rodeaba, estaba ya dispuesto a enfrentarse valerosamente con el dentista. Al fin y al cabo con los métodos modernos, le había asegurado todo el mundo, ningún buen dentista hacía sufrir a sus pacientes. Las imágenes terroríficas que le perseguían eran cosas del pasado, basadas en sus recuerdos de niño; hoy día . . . Sus tranquilizadoras reflexiones fueron cortadas súbitamente por un grito. Era un grito de mujer, horrible, estremecedor, que parecía salir directamente de la puerta que separaba la clínica de la sala de espera.

preceder vorangehen
llegar el turno an die Reihe kommen

ambiente m tranquilo Ruhe, Stille

valeroso mutig, tapfer

reflexión f Überlegung

cortar unterbrechen

estremecedor erschütternd

sala f de espera Wartezimmer

La reacción de Eduardo fue inmediata. Dirigiendo una mirada desesperada a su mujer, se levantó, cogió su abrigo y salió corriendo. Asunción, muda de asombro, oyó abrirse y cerrarse tras él la puerta de la casa.

mudo de asombro sprachlos vor Erstaunen

En aquel momento se abrió la puerta de la clínica y desde el umbral la enfermera, con su mejor sonrisa, les invitó a pasar. Al ver a Asunción sola quedó extrañada y

umbral m Türschwelle

preguntó: — ¿Y el señor? ¿No era él el paciente?

— El señor se ha ido — respondió Asunción secamente.

— ¿Se ha ido? Pero ... pero ha llegado su turno — dijo la enfermera sin comprender. — ¿Por qué se ha ido?

— ¿Y usted lo pregunta? ¿Qué ha hecho el doctor con esa pobre mujer?

— ¿El doctor? El doctor no ha hecho nada.

— ¿Ah, no? ¿Y ese grito horrible que acabamos de oir?

La enfermera se echó a reír.

— ¿El grito? — dijo — Ese grito no venía de la clínica, sino de la radio de los vecinos. Siempre la ponen demasiado alta. Y a esta hora radian todos los días un serial que se llama "El vampiro verde".

Asunción no pudo menos que reír también con la enfermera, pero al mismo tiempo se preguntaba si le sería posible convencer a su marido por segunda vez.

echarse a reír zu *lachen anfangen*

poner la radio alto *das Radio laut (ein)stellen*

serial m *Fortsetzungs-serie*

Fantasmas y ladrones

Luciano era el guarda de una finca situada no muy lejos de Madrid. Con su mujer, Felisa, ocupaba una casita cercana a la gran casa señorial, que estaba siempre vacía porque los dueños vivían en la capital y solamente iban a la finca en verano o durante los fines de semana si hacía buen tiempo.

Luciano, con su bandolera de guarda jurado y su escopeta, salía todos los días a recorrer la finca para evitar que entraran cazadores o pescadores furtivos, vigilaba a los peones en la época de la recolección y se encargaba de pagar los jornales. Felisa tenía a su cargo la casa de los señores, que mantenía limpia y arreglada, dispuesta siempre para la llegada de los dueños. Felisa estaba tan orgullosa de la casa señorial como si fuera la suya propia. Daba cera a los muebles, sacaba brillo a los pomos de las puertas, ordenaba los armarios de ropa blanca y ponía ramitos de espliego entre las sábanas para perfumarlas. Su mayor placer era enseñar la gran casa a los parientes del pueblo que venían a visitarla. Los muebles antiguos y valiosos, la porcelana, la plata, la cristalería y las alfombras al indicar la riqueza de los amos ponían también de relieve la importancia de Felisa como su persona de confianza. En realidad a Felisa la casa le parecía una especie de museo y casi sentía que llegaran los señores

fantasma m *Gespenst*
ladrón m *Dieb*
guarda m *Aufseher*
finca f *Landbesitz, Landgut*
casa f señorial *Herrenhaus*

bandolera f *Schulterriemen*
guarda m jurado *Förster*
escopeta f *Flinte*
cazador m furtivo *Wilddieb*
pescador m furtivo *Angler ohne Angelschein*
peón m *Saisonarbeiter, Tagelöhner*
recolección f *Ernte*
jornal m *Tagelohn*

dar cera a *einwachsen, polieren*
sacar brillo a *polieren*
pomo m *Knauf, Klinke*
armario m *Kleiderschrank*
ramito m de espliego *Lavendelsträußchen*
sábana f *Laken*

cristalería f *Gläser*
poner de relieve *hervorheben*

y sus invitados y los niños que correteaban por todas partes y alteraban el perfecto orden que ella mantenía.

corretear *umherlaufen*
alterar *stören, zerstören*

Para Luciano y Felisa los días pasaban muy rápidamente. Ambos estaban siempre atareados y Felisa, que además de la casa de los señores tenía que ocuparse de la suya, de las gallinas y de un cerdo que criaba todos los años para matar, apenas se sentaba desde el amanecer hasta la puesta del sol. Cuando anochecía, sin embargo, Felisa notaba algunas veces la soledad en que vivían, especialmente en las largas veladas de invierno. El pueblo más próximo quedaba a cosa de cuatro kilómetros y las casas de los medieros y de los hortelanos de la finca estaban lejos también. Felisa se entretenía cosiendo y escuchando la radio; lo que más le gustaba eran los seriales y seguía con apasionado interés los de varias emisoras, de tal forma que su marido no comprendía como podía retener en la cabeza tantas historias a la vez.

atareado *vielbeschäftigt*

matar *schlachten*
amanecer m *Tagesanbruch*
puesta f del sol *Sonnenuntergang*
anochecer *dunkel werden*

velada f *Abend*

mediero m *Pächter*
hortelano m *Gärtner*

serial m *Fortsetzungsserie*
emisora f *Sender*
retener en la cabeza *behalten*

Desgraciadamente los muchos seriales que oía en la radio, algunos de ellos de crímenes y misterio, habían excitado de tal forma su imaginación que en los últimos tiempos mostraba síntomas de un miedo casi anormal. Todas las noches, antes de acostarse, obligaba a su marido a correr los cerrojos de las puertas, a cerrar y atrancar las contraventanas y a recorrer todas las habitaciones de la casa para asegurarse de que no había nadie escondido en un armario o debajo de las camas. Lu-

excitar *anregen*
imaginación f *Phantasie*

acostarse *zu Bett gehen*
correr los cerrojos *die Riegel vorschieben*
atrancar *verriegeln*
contraventana f *Fensterladen*

ciano encontraba ridículas estas medidas pero se sometía a los deseos de su mujer para evitar discusiones.

Una noche de invierno, cuando Luciano llevaba ya dos horas durmiendo muy tranquilamente, se sintió de repente bruscamente sacudido por su mujer.

sacudir *rütteln, schütteln*

— ¡Luciano! ¡Luciano! ¡Escucha!
— ¿Eh? ¿Qué quieres? — dijo el pobre hombre frotándose los ojos.
— ¡Luciano! ¡Hay un hombre en la casa! ¡Un ladrón, o algo peor! ¡Ay, Virgen Santísima! ¡Ay, San José bendito!
— No digas tonterías — contestó Luciano ya despierto — ¿Cómo va a haber alguien en la casa?

tontería *f Blödsinn, Unsinn*

— ¡Escucha! ¡Escucha! — repitió Felisa.

Luciano escuchó y efectivamente oyó unos ruidos extraños en el piso inferior, como si alguien caminara en la oscuridad y golpeara sordamente contra los muebles. Luciano, que no tenía nada de cobarde, decidió bajar a investigar.

caminar *umhergehen*
golpear *klopfen*
sordo *dumpf*

investigar *nachforschen*
callarse *schweigen*

— Bueno, bueno, tú cállate — dijo enérgicamente a su mujer, que seguía lamentándose e invocando a todos los santos del santoral — Voy a ver qué pasa.

lamentar *wehklagen, jammern*
santoral *m Heiligenkalender*

— ¡Ay, no, no me dejes sola!
— Pues si no quieres quedarte sola ven conmigo — replicó Luciano, y Felisa, viendo que no tenía otro remedio, saltó de la cama, se puso un abrigo sobre el camisón y se dispuso a seguir a su marido.

camisón *m Nachthemd*

Luciano cogió la escopeta que siempre dejaba apoyada en un ángulo de la habitación, y abriendo la puerta se asomó a la escalera. En el piso inferior reinaba la más completa oscuridad, pero los golpes seguían oyéndose distintamente.

— Parece que el ruido viene del comedor — dijo el guarda — Ven conmigo y no hables.

— ¡Virgen del Carmen! ¡Protégenos! — susurró Felisa.

— Ssh — hizo Luciano, y empezó a bajar de puntillas las escaleras, seguido muy de cerca por su aterrorizada esposa. Al llegar al comedor abrió de golpe la puerta y dio la vuelta al interruptor de la luz mientras gritaba:

— ¡Manos arriba o disparo!

Nadie contestó a esta intimación y Luciano, dirigiendo una mirada a su alrededor, vio que el comedor estaba vacío. La puerta que comunicaba el comedor con la cocina estaba sin embargo entreabierta y Luciano se dirigió rápidamente allí esperando encontrar al ladrón, pero la cocina estaba igualmente desierta.

— ¿Ves? No hay nadie — dijo con alivio.

— Pues yo he oído ruidos — contestó Felisa — Y tú también los has oído, Luciano...

— Sí, es verdad.

Mientras hablaban el ruido se repitió muy cerca. Era un ruido metálico y sordo y esta vez fue acompañado de una especie de lamento que no parecía producido por ningún ser humano. Al oírlo la pobre Felisa perdió completamente la cabeza.

— ¡Luciano! — gimió — ¡No es un ladrón! ¡Es un espíritu... un fantas-

asomarse a *sich hinüberbeugen*

susurrar *murmeln*

de puntillas *auf Zehenspitzen*

aterrorizado *erschrocken*

dar la vuelta al interruptor de la luz *den Lichtschalter anknipsen*
disparar *schießen*
intimación *f Aufforderung, Mahnung*

alrededor *m Umgebung*

comunicar *verbinden*
entreabierto *halboffen*

lamento *m Wehklagen*

gemir *wimmern*

ma! ¡Señor, ten piedad de nosotros!

Luciano sintió como se le erizaban los cabellos, pero al fin prevaleció su buen sentido de campesino.

— ¡Espíritus y fantasmas! ¡Tonterías! No nos faltaba más que eso. El ruido viene de la despensa y ahora mismo voy a ver lo que hay ahí.

La despensa era demasiado pequeña y estaba demasiado llena de cacharros para que un hombre pudiera ocultarse fácilmente en ella. Luciano abrió la puerta y lo primero que llegó a sus oídos fue un débil "miau". Encendió la luz, dirigió la vista al suelo y por fin descubrió el origen de los extraños ruidos nocturnos. El gato, que era muy goloso, había intentado beberse un resto de leche que Felisa guardaba en un jarro. Había metido la cabeza en el jarro pero luego no la había podido sacar y con la cabeza dentro de él andaba a ciegas, golpeando cuantos objetos se le ponían por delante. El aspecto del animal era tan cómico que Luciano no pudo menos de echarse a reír.

— ¡Felisa! — llamó — ¡Mira tu fantasma!

Tranquilizada por la risa de su marido Felisa se atrevió a acercarse y al ver al gato de aquella manera se sintió tan ridícula que para disimular su turbación se arrodilló en el suelo y empezó a librar al pobre bicho de su improvisado sombrero.

Luciano, apoyado en la escopeta, aún siguió riéndose un buen rato.

—¡Ladrones! ¡Fantasmas! ¡Espíritus! — repetía — Ay, estas mujeres, estas mujeres . . .

erizar *sträuben, zu Berge stehen*

prevalecer *überwiegen*

despensa *f Speisekammer*

cacharros *m/pl. Geschirr*

goloso *naschhaft*

jarro *m Krug*

a ciegas *blindlings*

atreverse *wagen*

arrodillarse *niederknien*

bicho *m Tier*
sombrero *m Hut*

Los saldos

Cuando D. Felipe se levantó encontró a su esposa, Doña Matilde, vestida, arreglada y dispuesta ya para salir a la calle. Como generalmente no salía hasta media mañana, una vez terminados los quehaceres de la casa, D. Felipe no pudo menos de extrañarse.

— Pero, ¿a dónde vas tan temprano?
— ¡A los saldos! Hoy empiezan los saldos en los Almacenes Fernández. Doña Luisa, que tiene una sobrina que trabaja allí de dependienta, me ha dicho que va a haber unas gangas estupendas.

— Mm . . . A mí eso de los saldos me parece una estafa.

— ¡Nada de eso! Ya verás, ya verás como encuentro cosas bonitas y baratas. Sarita te pondrá el desayuno, ¿eh? Y ya he dejado dispuesta la comida. A lo mejor vuelvo un poco tarde. ¡Adiós!

Doña Matilde salió de casa, entró en el metro, tomó un billete y logró meterse en un vagón abarrotado de gente. Unos minutos más tarde, prensada y casi sin respiración, se apeó y se dirigió a paso vivo hacia los Almacenes Fernández.

Aunque Doña Matilde había madrugado otras señoras habían madrugado todavía más. Delante de los montones de ropa interior, jerseys, mostradores, donde se exhibían paños de cocina, retales, ropa de cama y mil cosas más, las clientes

---

saldos m/pl. *Ausverkauf*

arreglado *zurecht-gemacht*

quehaceres m/pl. de la casa *Hausarbeit*
no poder menos de *nicht umhin können zu*

almacén m *Warenhaus*
sobrina f *Nichte*
dependienta f *Verkäuferin*
ganga f *Gelegenheitskauf*

estafa f *Betrug*

abarrotado *vollgestopft, überfüllt*
prensado *gepreßt, gedrängt*
apearse *aussteigen*
a paso vivo *eilends, schnell*
madrugar *früh aufstehen*
montón m *Stapel, Berg*
ropa f interior *Unterwäsche*
jersey m *Pullover*
mostrador m *Ladentisch*
paño m de cocina *Geschirrtuch*
retal m *Stoffrest*
ropa f de cama *Bettwäsche*

se amontonaban, tocaban la mercancía, se arrebataban unas a otras la pieza mejor y abrumaban de preguntas a las dependientas que, sofocadas, apenas sabían a quien atender primero. Los saldos estaban siendo un verdadero éxito.

Sería inútil describir las hazañas de valor y arrojo ejecutadas por Doña Matilde aquella mañana. Baste decir que logró abrirse paso hasta la primera fila de compradoras, que disputó heroicamente a otras señoras el objeto deseado y que tras varias horas de lucha consiguió salir de los Almacenes cargada de paquetes y muy satisfecha de las compras realizadas.

Cuando llegó a su casa era ya la hora de comer. Su marido había vuelto ya de la oficina y sus hijos, Sarita y Javier, escuchaban un programa de música ligera de la radio en espera de sentarse a la mesa.

—¡Hola! — saludó alegremente Doña Matilde al entrar — ¿Me estabais esperando? ¡Había tanta gente en la tienda! ¡Qué barbaridad!

Muy contenta dejó su carga de paquetes sobre un sillón. Su marido y sus hijos se acercaron llenos de curiosidad.

—Bueno, ¿qué has comprado? — preguntó D. Felipe.

—Ah, he luchado mucho, pero he encontrado unas gangas increíbles. Ya veréis, ya veréis. Traigo cosas para todos. Mira, para ti, Javier, he comprado un pijama estupendo y baratísimo. ¡Aquí lo tienes!

Doña Matilde desenvolvió el primer paquete y enseñó a su hijo el

amontonarse *sich häufen, immer mehr werden*
mercancía *f Ware*
arrebatar *entreißen*
abrumar de preguntas *mit Fragen überhäufen*
sofocado *außer Atem*
hazaña *f Heldentat*

hazaña *f de valor Bravourstück*
arrojo *m Verwegenheit*
abrirse paso *sich durchdrängen, sich einen Weg bahnen*
heroico *heldenmütig*

cargar de *beladen mit*

¡qué barbaridad! *unglaublich!*

sillón *m Sessel*

curiosidad *f Neugierde*

desenvolver *auspacken*

pijama. Javier torció el gesto al verlo.
— ¡Pero mamá! Esas rayas rojas,
verdes y amarillas son terribles.
— Bah, tonterías. En la cama no te
ve nadie. Además las rayas no están
mal. Un poco atrevidas, quizás, pero
no importa.

Javier se encogió de hombros prometiéndose interiormente guardar
el pijama en un cajón del armario y
no ponérselo jamás. Doña Matilde
pasó al paquete siguiente.
— A ti, Felipe, te he comprado unos
cuantos pares de calcetines, que te
hacían mucha falta. Míralos, son
muy bonitos.
— Pero Matilde — exclamó el pobre
señor al verlos — esos calcetines son
muy grandes. Yo gasto el número 10.
— Sí, claro, ya lo sé, pero del 10 no
quedaban ya y estos eran tan bara-
tos que he pensado: "Bueno, si le
están grandes, siempre puede do-
blarse las puntas".

D. Felipe no tuvo más remedio
que conformarse. Luego le llegó el
turno a Sarita.
— Lo más bonito es lo que he comprado para ti, Sarita. Una blusa de
seda natural.

A Sarita se le iluminaron los ojos
con la noticia y sonriente empezó a
desenvolver su paquete, pero dejó
de sonreir cuando vio la blusa.

— Mm ... Mamá, este color naranja ... No está muy de moda, sabes ...
y luego, como tengo una falda verde, los dos colores combinan muy
mal ...
— Bah, qué importa, puedes com-
prarte otra falda — dijo su madre sin
amilanarse.

torcer el gesto *das Ge-
sicht verziehen*

atrevido *gewagt*
no importa *es macht
nichts*
encogerse de hombros
*mit den Schultern zuk-
ken*

calcetines *m/pl. Socken*
hacer falta *fehlen*

gastar *tragen (Kleidung)*

doblar *umschlagen*
punta *f Spitze*

llegar el turno *an die
Reihe kommen*

seda *f* natural *reine Seide*
iluminar *leuchten*

combinar *zusammenpas-
sen*

amilanarse *verzagen*

Doña Matilde continuó abriendo paquetes y enseñando sus compras sin notar las caras largas de su marido y de sus hijos, que cada vez se mostraban menos entusiasmados. Embargada todavía con la emoción del triunfo sobre sus contrincantes, rodeada de calcetines demasiado grandes, pijamas chillones, jerseys descoloridos y ropa interior de dudosa calidad exclamaba feliz: — Es una ganga, una ganga, una ganga ...

embargado con *erfüllt von*

contrincante m *Gegner*

chillón *grell*

descolorido *verschossen*

La nueva muchacha

— Ay, Jaime — dijo Pilar a su marido — ¿Qué vamos a hacer ahora? Tú no sabes lo difícil que es' encontrar hoy día una buena muchacha.

— Mujer, no será para tanto. Pon un anuncio...habla con las agencias...

no ser para tanto *nicht so schlimm sein*
poner un anuncio *eine Anzeige aufgeben*
agencia *f Vermittlung, Agentur*
boda *f Hochzeit*

Pilar y Jaime volvían de la boda de Angelita, una "perla" que les había servido fielmente durante cinco años. Angelita se había casado con un taxista y había invitado a sus señores a la boda, celebrada por todo lo alto. La iglesia estaba adornada con velas y flores blancas y en la recepción que siguió a la ceremonia religiosa los invitados habían sido obsequiados con canapés, vinos variados, tarta nupcial y hasta champagne. Angelita y su marido salían a continuación para Mallorca en viaje de novios y a la vuelta les esperaba ya un pisito en una barriada nueva, completamente amueblado. Pilar y Jaime se alegraban de la buena suerte de su sirvienta, pero al mismo tiempo sentían mucho su marcha. Pilar y Jaime tenían dos hijos pequeños y un piso grande; Jaime, que ocupaba un cargo de responsabilidad en una casa de importación y exportación, tenía muchos compromisos y continuamente traía a casa invitados a comer, a cenar o a tomar el té. Sin una buena muchacha Pilar no podía atender a todo.

celebrar por todo lo alto *ganz groß feiern*

obsequiar *bewirten*
canapé *m Sandwich, belegtes Brötchen*
tarta *f nupcial Hochzeitskuchen*

pisito *m kleine Etagenwohnung*
barriada *f Stadtviertel*
amueblado *möbliert*

sentir u/c. *etw. bedauern*

cargo *m Posten*

compromiso *m Verpflichtung*

Siguiendo el consejo de su marido Pilar puso un anuncio en los periódicos más importantes y habló con varias agencias pero el resultado fue descorazonador. Se presentaron varias chicas, pero con ninguna logró arreglarse. Una de ellas se marchó en cuanto supo que había niños pequeños en la casa; otra puso como condición que la llevaran de veraneo al extranjero; la tercera exigió una habitación con radio y televisor y tiempo libre para salir todos los días con su novio; la cuarta, menos exigente, tenía en cambio un aspecto tan sucio y desaliñado que Pilar no quiso tomarla. Así pasaron los días y Pilar, con la única ayuda de una interina, trabajaba como una negra, limpiando, yendo a la compra, guisando y ocupándose de los niños.

Por fin un día su amiga María Teresa le hizo una proposición interesante.

— Mira — le dijo — en un pueblecito cerca de nuestra finca conozco a un matrimonio con varios hijos. Muy buena gente, pero bastante pobres. La hija mayor, que tiene unos 17 años, quiere venirse a Madrid a servir pero su padre ha dicho que sólo la dejará si entra a servir en una casa conocida, de confianza. Si yo le garantizo que sois personas serias seguro que le dará permiso.

— No es mala idea — contestó Pilar — pero el inconveniente que veo es que la chica, si no ha salido del pueblo y no ha servido nunca, apenas sabrá hacer nada.

— Bah, tú puedes enseñarla. Es mejor cogerlas así jóvenes, sin malicias. Créeme, ésas son siempre luego las mejores muchachas.

---

descorazonador *entmutigend*

arreglarse con alg. *sich mit jem. einigen*

veraneo *m Sommerfrische*

desaliñado *unordentlich*

interina *f Putzfrau*
trabajar como una negra *wie eine Verrückte arbeiten*

guisar *kochen*

finca *f Landgut, Wochenendhaus*

inconveniente *m Nachteil*

enseñar a/c a alg. *jem. etw. beibringen, jem. anlernen*
sin malicias *unverdorben*

Pilar se dejó convencer porque realmente ya no podía esperar más. María Teresa escribió a los padres de la chica y unos días más tarde le comunicó que Leoncia (así se llamaba la muchacha) llegaría el sábado a Madrid en el coche de línea. Los padres rogaban que fueran a esperarla, ya que era la primera vez que iba a la capital y podría perderse.

comunicar *mitteilen*

coche *m* de línea *Linienbus*

El sábado por la mañana Pilar fue personalmente a esperar a Leoncia. El coche de línea llegó puntual, con la baca abarrotada de maletas y cestas, y de él descendió tanta gente que Pilar se preguntó asombrada cómo habían podido caber todos dentro. Los viajeros eran en su mayoría campesinos de cara curtida y ropaje oscuro, que se arremolinaron ante la parte trasera del coche para recibir los bultos que el cobrador iba tirando desde arriba.

baca *f Wagenverdeck*
abarrotado *überfüllt, voll von*
cesta *f Korb*
caber *hineinpassen*
campesino *Bauer, Landbewohner*
curtido *gebräunt*
ropaje *m Kleidung, Bekleidung*
arremolinar *sich drängen*

bulto *m Gepäckstück*

cobrador *m Schaffner*
tirar *werfen*
detenido *genau*

Pilar miró detenidamente a los viajeros y al fin sus ojos se detuvieron en una muchacha joven, de aspecto aniñado, que con una maletilla de cartón en la mano miraba algo asustada a su alrededor. Pilar decidió acercarse a ella.

aniñado *kindlich*
maletilla *f* de cartón *Pappköfferchen*
asustado *erschrocken*

— Buenos días. ¿Es usted Leoncia? — preguntó con una sonrisa.

— Para servir a Dios y a usted — contestó la chica tímidamente.

tímido *schüchtern*

— Yo soy la señora de Morán. Venga usted, vamos a coger un taxi para ir a casa.

No fue tarea fácil encontrar un taxi pero al fin Pilar lo consiguió, metió en él a Leoncia y su maleta y por último subió ella, tras de dar las señas al conductor.

tarea *f Aufgabe*

señas *f/pl. Adresse*

Leoncia apenas habló en todo el camino. Sentada muy derecha, sin atreverse a reclinarse en el respaldo, miraba asombrada el tráfico, los rascacielos, las tiendas lujosas y la animación de las calles de Madrid, la gran ciudad donde iba a habitar en adelante. El pueblo, con sus callecitas estrechas y empinadas, la casa de sus padres, las amigas, las vecinas, quedaban ya muy lejos. Pilar notó que a la chica le faltaba muy poco para echarse a llorar y procuró distraerla haciéndole preguntas sobre el viaje y señalándole las calles y plazas de interés.

En los días siguientes Pilar se dio cuenta de que la tarea de enseñar a Leoncia iba a ser muy dura. Leoncia no había visto nunca una lavadora, ni una olla a presión, ni un aspirador del polvo. Hacerle comprender el manejo de estos aparatos resultaba bastante difícil y Pilar temía que la chica se electrocutase o muriera víctima de una explosión. Tenía que estar siempre con ella, vigilando cada uno de sus movimientos. A Pilar le parecía que en lugar de tener dos niños en casa tenía ahora tres.

Tuvo que acompañarla también a la compra para enseñarle las diversas tiendas y el supermercado, que constituyó para Leoncia una gran sorpresa. Quedó boquiabierta ante la cantidad y variedad de frutas, verduras, carnes, embutidos y comestibles expuestos y al principio no comprendía que fuera posible coger y poner en la cesta todo cuanto uno deseara, sin esperar a ser servido por un dependiente.

derecho *aufrecht, steif*
reclinarse *sich zurücklehnen*
respaldo m *Rückenlehne*
rascacielos m *Hochhaus, Wolkenkratzer*
animación f *Belebtheit*
en adelante *von nun an, in Zukunft*
empinado *steil*

procurar *sich bemühen*

lavadora f *Waschmaschine*
olla f a presión *Schnellkochtopf*
aspirador m del polvo *Staubsauger*
manejo m *Bedienung*
electrocutarse *sich elektrisieren*

vigilar *überwachen*

supermercado m *Selbstbedienungsladen*

boquiabierto *mit offenem Mund*

embutidos m/pl. *Wurstwaren*
comestibles m/pl. *Lebensmittel*

Cuando Leoncia llevaba unos días en la casa Jaime comunicó a su mujer que había invitado a un matrimonio conocido a tomar el té.

— Por favor, ocúpate de que esté todo a punto — advirtió — Es muy importante para mí causar una buena impresión a los Montalvo. Montalvo puede serme muy útil.

a punto *bereit*

Pilar acogió la noticia con muy poco entusiasmo.

— Ay, Jaime, ¿no sería mejor llevarles a un salón de té o a un restaurante? Tu ya sabes lo mal que estoy de servicio ahora. No me fío de Leoncia.

fiarse de *sich verlassen auf, trauen*

— No, no podemos hacer eso — respondió su marido — Resultaría muy frío, muy impersonal. Además la de Montalvo ha dicho varias veces que le gustaría conocer nuestro piso. Mira, llama a Leoncia y delante de mí explícale lo que tiene que hacer. Al fin y al cabo no es tan difícil.

Pilar llamó a Leoncia que se presentó en el cuarto de estar con su aire rústico de costumbre.

rústico *ländlich, bäurisch*

— Leoncia — dijo Pilar — Esta tarde esperamos una visita muy importante. Voy a explicarle lo que tiene que hacer usted. Escuche con cuidado. — Sí, bueno — contestó Leoncia.
— Tiene que acostumbrarse usted a decir "sí, señora". Cuando lleguen los señores que esperamos, llévelos al salón y avísenos. Al poco rato tocaré el timbre para que traiga usted el té, que yo dejaré ya preparado en el carrito.

avisar *Bescheid sagen, Nachricht geben*
tocar el timbre *läuten*

— ¡Arrea! — dijo Leoncia muy sorprendida — ¿Es que están enfermos esos señores que esperan?

carrito m de té *Teewagen*
¡arrea! *du meine Güte!*

— ¿Enfermos? — contestó Pilar sin comprender — No. ¿Por qué?

— Como dice que van a tomar té... En mi pueblo tomamos té cuando nos duele la barriga.

Pilar suspiró ante la ignorancia de Leoncia.

— No se dice "barriga" — corrigió — sino "estómago". Además aquí acostumbramos a tomar el té por las tardes aunque no estemos enfermos.

Leoncia no pareció quedar muy convencida. Ya decía su madre que los de la capital estaban todos pálidos y tenían poca salud. No podía ser de otra manera, con tanto coche y tanta casa alta, que no dejaba correr el aire.

— Más tarde, a eso de las siete — continuó explicando Pilar — si los señores no se han ido todavía, llamaré otra vez para que lleve usted el whisky.

— ¿Cómo dice? — se asombró Leoncia — ¿El güi ... el güisqui?

— Sí, el whisky. Una botella y unos vasos que dejaré también preparados.

— ¿Es eso también una medicina? — se informó Leoncia.

Jaime, que había seguido la conversación con creciente impaciencia murmuró por lo bajo "¡Esta mujer me volverá loco!" y añadió en voz alta, dispuesto a no dar explicaciones:

— Sí, es una medicina. Haga lo que le dice la señora y nada más. Procure usted hablar lo menos posible delante de la visita. ¿Entiende usted? — Sí — dijo Leoncia.

barriga *f Bauch (umgangssprachlich)*

pálido *blaß*

asombrarse *sich verwundern, erstaunt fragen*

impaciencia *f Ungeduld*
murmurar por lo bajo *leise vor sich hinmurmeln*

— "Sí, señor" — corrigió automáticamente Pilar.

Jaime se fue a la oficina y Pilar se dedicó de lleno a prepararlo todo para la visita de los Montalvo. En el carrito del té colocó cuidadosamente las tazas, los platitos, los cubiertos, la jarrita de la leche y el azucarero y puso en las fuentes emparedados de jamón y de queso, pastas y un "cake" de frutas. Sacó luego de un armario el uniforme negro que había llevado Angelita e hizo que se lo probara Leoncia, comprobando con satisfacción que le quedaba bien. Con el uniforme negro, el delantal blanco almidonado y una pequeña cofia que Pilar colocó cuidadosamente sobre los ralos cabellos, Leoncia parecía verdaderamente otra. Pilar empezó a tranquilizarse. Todo iría bien, seguramente.

A las cuatro y media volvió Jaime y media hora más tarde se presentaron los invitados. Leoncia abrió la puerta y los pasó al salón, como le habían enseñado, avisando a continuación a sus señores.

Los dos matrimonios se saludaron cordialmente. El Sr. Montalvo, calvo y algo gordo, con un traje oscuro de impecable corte, resultaba la personificación del hombre de negocios bien situado; su mujer, bastante más joven y muy elegante, luciendo un enorme solitario en un dedo, dio a Pilar un cariñoso beso en la mejilla y preguntó con mucho interés por los niños, que Pilar para mayor tranquilidad había enviado aquella tarde a casa de su madre.

corregir *verbessern*

cubiertos *m/pl. Bestecke*
jarrita *f* de leche *Milchkännchen*
azucarero *m Zuckerdose*
fuente *f Platte*
emparedado *m belegtes Brötchen*
pastas *f/pl. Gebäck*
"cake" de frutas *Art engl. Teekuchen*
uniforme *m Dienstkleidung*
comprobar *feststellen*
quedar bien *gut stehen, passen (Kleidung)*
delantal *m Schürze*
almidonar *stärken*
cofia *f Haube*
ralo cabello *dünnes Haar*

impecable *tadellos*
corte *m Schnitt*

solitario *m Diamant*
mejilla *f Wange, Backe*

Tomaron asiento los cuatro en unos cómodos sillones, alrededor de una mesita, y tras un rato de conversación general Pilar tocó el timbre para que Leoncia trajera el té. Esta se presentó enseguida, empujando cuidadosamente el carrito, que logró dejar sin tropiezo al lado de su ama, tras lo cual se retiró sin decir palabra como le habían recomendado.

sillón *m Sessel*

empujar *schieben*
tropiezo *m Zwischenfall, Hindernis*

recomendar *empfehlen, nahelegen*

Pilar sirvió el té, distribuyó platitos y tazas, ofreció a sus huéspedes emparedados, pastas y cake y la Sra. de Montalvo lo alabó todo mucho, dijo que el té era delicioso y se informó de la marca que usaba Pilar para comprarla ella también.

alabar *loben*

Después del té vinieron los cigarrillos; los señores empezaron a hablar entonces de sus negocios y Pilar y la Sra. de Montalvo se enfrascaron en una conversación sobre niños, colegios, modas y gente conocida. El tiempo pasó sin sentir y los Montalvo no hablaban todavía de irse; Pilar se felicitaba interiormente de la buena marcha de las cosas.

enfrascarse en *sich vertiefen in*

A las siete Pilar llamó para que Leoncia se llevara el carrito del té y trajera el whisky, vasos, sifón y hielo. Leoncia no tardó en presentarse en el salón pero en cuanto entró Pilar notó algo raro en su aspecto. La cofia, que ella había colocado tan cuidadosamente, estaba algo torcida; el delantal tampoco estaba en su sitio; Leoncia iba además despeinada y los ojos le brillaban de una forma rara. Pilar tembló interiormente. ¿Qué le pasaba a la

torcido *verdreht, verrutscht*
sitio *m Platz*
despeinado *zerzaust*
brillar *leuchten, glänzen*
temblar *zittern*

chica? ¿Estaría enferma? Dominándose dijo:

— Leoncia, llévese el té y haga el favor de traer el whisky.

— Sí, señora — contestó Leoncia correctamente, pero en voz más alta de lo normal. A continuación hipó ruidosamente.

hipar *den Schluckauf haben*

Afortunadamente los Montalvo estaban en aquel momento distraídos hablando con Jaime y no oyeron el hipo ni vieron los pasos vacilantes de Leoncia, que se dirigió haciendo eses hacia el carrito del té. Sin embargo a Pilar no se le escapó ningún detalle y con espanto se dio por fin cuenta de lo que sucedía: ¡Leoncia no estaba enferma, estaba sencillamente borracha!

vacilante *schwankend, torkelnd*
hacer eses *umhertorkeln*

espanto *m Entsetzen*

borracho *betrunken*

Murmurando una excusa Pilar se puso en pie, indicó imperiosamente a Leoncia que saliera del salón y salió ella a su vez. Tan pronto como se alejaron de la puerta lo suficientemente como para no ser oídas Pilar interpeló a la sirvienta con severidad:

ponerse en pie *aufstehen*
imperioso *auffordernd, gebieterisch*

alejarse *sich entfernen*

interpelar *eine Erklärung verlangen*

— ¡Leoncia! ¿Qué ha hecho usted? ¿Cómo se encuentra en este estado?

Leoncia soltó una risa boba antes de contestar a su señora con la voz entrecortada por el hipo:

soltar una risa *in Gelächter ausbrechen*
bobo *albern*
entrecortado *unterbrochen*

— ¡No he hecho nada, señora! Es que me dolía la barriga ... el estómago, vamos, y entonces voy y digo: voy a tomar un poco de la medicina del señorito. El güi ... el güisqui, ¿sabe? ¡Me he tomado un vaso y estoy más rara!

Pilar tuvo que enviar a la chica a la cama y tan pronto como pudo volvió al salón con sus invitados.

estar raro *sich komisch fühlen*

Al entrar observó ansiosamente los rostros de su marido y de los Montalvo pero con un suspiro de intenso alivio advirtió que no se habían dado cuenta de nada y continuaban hablando con gran animación.

La visita se prolongó todavía un buen rato. Al despedirse, los Montalvo aseguraron que lo habían pasado muy bien e hicieron planes para verse pronto de nuevo. La tarde estaba salvada, pero Pilar pensó que su amiga María Teresa era muy optimista al asegurar que era muy fácil convertir a una chiquilla campesina en una buena sirvienta.

rostro *m* Gesicht
suspiro *m* de alivio *Seufzer der Erleichterung*
advertir *bemerken*
darse cuenta de algo *etw. bemerken*
con gran animación *sehr angeregt*
prolongarse *sich hinziehen*

salvado *gerettet*

En la zapatería

Señora (entrado en la tienda) Buenos días.

Dependienta Buenos días. ¿En qué puedo servirla?

Señora Quisiera ver unos zapatos...

Dependienta Muy bien. Siéntese aquí, haga el favor.

Señora Gracias. (Se sienta con un suspiro de satisfacción)

Dependienta ¿Qué clase de zapatos desea usted?

Señora Pues... no sé... Es decir, zapatos de tarde, escotados, de tacón alto.

Dependienta ¿Desea algún color especial?

Señora No, no... es igual... Negros, azul marino...

Dependienta ¿Y el número?

Señora 36

Dependienta Un momento, señora. Enseguida le traeré a usted algunos modelos.

Señora (Quitándose los zapatos con alivio) ¡Ah!

Dependienta (volviendo) Aquí tengo algunos zapatos que creo serán de su gusto. Mire usted éstos primero; son muy elegantes.

Señora Sí... pero la punta me parece demasiado estrecha.

Dependienta Se llevan así, señora, pero le aseguro que a pesar de eso son muy cómodos. ¿Quiere probárselos?

zapatería f Schuhladen

dependienta f Verkäuferin

zapatos m/pl. de tarde Abendschuhe
escotado ausgeschnitten
tacón m Absatz

alivio m Erleichterung

punta f Spitze
estrecho schmal, eng

Señora   No, no, gracias. Prefiero ver otra cosa.

Dependienta   Aquí tiene usted otro modelo. Es un zapato muy fino y el charol es de primera calidad.

charol *m Lackleder*

Señora   No me gusta el charol. Se estropea muy pronto.

estropearse *(zer)brechen*

Dependienta   Depende de la clase, pero en fin, si usted prefiere otra cosa le recomiendo estos zapatos de ante negro. Le darán muy buen resultado.

ante *m Wildleder*
dar buen resultado *haltbar sein*

Señora   Mm... no sé... Tampoco es lo que yo quiero.

Dependienta   Si tiene la bondad de esperar un momento, señora, le traeré del almacén unos zapatos que acabamos de recibir.

almacén *m (Waren-)Lager*

Señora   No se moleste usted.

Dependienta   No es molestia... Un momento. (Se va en dirección al almacén. En este momento entra en la zapatería un señor que al ver a la señora se dirige sorprendido hacia ella)

molestarse *sich bemühen*

Señor ¡Pepita! ¿Pero qué haces aquí?

Señora   ¡Hola! Eso pregunto yo. ¿Qué haces tú en esta zapatería?

Señor   He venido a comprarme unas plantillas para los zapatos. Pero no comprendo lo que tú haces aquí. Te he dicho muchas veces que este mes no podemos gastar ni una peseta más. Tenemos que pagar el colegio de los niños, el plazo de la nevera y el plazo del televisor. ¡Y a pesar de todas mis advertencias te encuentro en una zapatería comprándote unos zapatos nuevos! Es imposible, vamos a terminar en la ruina.

plantilla *f Einlegesohle*

gastar dinero *Geld ausgeben*

plazo *m Rate*
nevera *f Kühlschrank*
televisor *m Fernsehgerät*
advertencia *f Mahnung*

Señora Pero Carlos, si no he venido a comprarme unos zapatos.

Señor ¿Ah no? ¿Pues entonces, qué haces ahí sentada, rodeada de pares de zapatos?

rodear *umgeben*

Señora Ya verás... Esta mañana he salido a hacer unos recados. Tenía que comprar calcetines para los niños, paños de cocina y un par de cosillas más. He ido a los Almacenes Fernández, porque allí es todo más barato. ¡Para qué digas que no me preocupo del ahorro! Luego he ido a comprar sellos y a certificar la carta de la tía Enriqueta. He andado mucho y al final estaba cansadísima. Los zapatos me hacían un daño terrible y no podía dar ni un paso más. Entonces pensé como podría hacer yo para quitarme un rato los zapatos. Y de repente he tenido una idea feliz. ¡En una zapatería! En una zapatería puede una sentarse y quitarse los zapatos sin llamar la atención. Y por eso he entrado aquí.

hacer un recado *Besorgung machen, einkaufen*
calcetín *m Socken*
paño *m* de cocina *Geschirrtuch*
almacén *m Warenhaus*

ahorro *m Sparen*
sello *m Briefmarke*
certificar *einschreiben lassen*

cansadísimo *hundemüde*
hacer daño *schmerzen*
paso *m Schritt*

quitar *ausziehen*
rato *m Augenblick*

llamar la atención *auffallen*

Señor ¡Pero Pepita! ¿Y has dejado que te enseñen todos esos pares de zapatos?

enseñar *zeigen*

Señora ¿Qué otra cosa podía hacer?

Señor ¡Pobre dependienta!

Viajar instruye

El tren rápido de Madrid a Barcelona estaba a punto de salir y en el andén reinaba una extraordinaria animación. Los mozos empujaban carretillas llenas de maletas; los viajeros, asomados a las ventanillas, se despedían de los amigos o parientes que quedaban atrás; los vendedores ambulantes, con sus carritos llenos de paquetes de bombones, caramelos y galletas, realizaban las últimas ventas, cobrando y cambiando dinero con gran rapidez, para evitar que alguien se fuera sin pagar; algún rezagado, con la lengua afuera, subía al tren que había estado a punto de perder.

Eugenio, que había contemplado el espectáculo desde una ventanilla del pasillo, se retiró a su departamento de tercera clase y se sentó. Había tenido suerte; el tren no estaba tan lleno como otras veces y los viajeros que iban en su departamento tenían aspecto de personas tranquilas y educadas. Un hombre de mediana edad sentado frente a Eugenio, junto a la ventanilla, había sacado un periódico deportivo y se había sumergido en la lectura de un reportaje de fútbol; una muchacha que había entrado poco después que él (bastante bonita, por cierto, notó Eugenio) estaba doblando cuidadosamente su abrigo y colocándolo en la red.

Eugenio, prometiéndose un buen viaje, cogió un libro ("La rebelión

viajar instruye *Reisen sind lehrreich*
tren *m* rápido *Schnellzug*
estar a punto de hacer u/c. *gerade etw. tun wollen*
animación *f lebhaftes Treiben*
mozo *m Gepäckträger*
empujar *schieben*
carretilla *f Handkarren*
asomar *hinauslehnen*
vendedor *m* ambulante hier: *Süßwarenverkäufer*
bombón *m Praline*
caramelo *m Bonbon*
galleta *f Keks*

rezagado *m Nachzügler*
con la lengua afuera *mit heraushängender Zunge*

espectáculo *m Schauspiel*

pasillo *m Gang*
departamento *m Abteil*

sumergirse en *sich vertiefen in*

doblar *falten*

red *f Gepäcknetz*

79

de las masas", de Ortega y Gasset) y se dispuso a leer. Eugenio era estudiante e iba a Zaragoza a pasar unos días con un compañero que le había invitado.

Cuando el tren se ponía ya en marcha apareció de pronto en la puerta del departamento una mujer de pueblo, gorda, sofocada, con una maleta muy grande en una mano y una cesta en la otra.

— ¿Hay sitio libre en este departamento? — preguntó casi sin respiración. Se veía que había corrido.

— Sí, estos asientos están libres — contestó la muchacha.

— Gracias.

La buena mujer intentó colocar su maleta en la red, pero pesaba mucho y el movimiento del tren dificultaba la operación. Eugenio vio que existía el peligro de que ama y equipaje rodaran por el suelo y se levantó para ayudarla, logrando colocar la maleta y la cesta en su sitio.

— Gracias, joven — dijo la mujer mientras se sentaba con un suspiro de satisfacción. — ¡Uf! — continuó — he cogido el tren por los pelos. ¡Qué carrera me he dado! Ya le decía yo a mi yerno que llegábamos tarde. Y con los bultos ... Estoy sofocada. Oiga usted — añadió dirigiéndose al señor del periódico deportivo — ¿Le molestaría abrir un poco la ventanilla? Hace mucho calor.

El señor se levantó y sin decir palabra abrió la ventanilla. La mujer miró a sus compañeros de viaje y preguntó en general:

— ¿Van ustedes muy lejos?

disponerse a hacer u/c. *beginnen etw. zu tun*

ponerse en marcha *anfahren*

sofocado *atemlos*

cesta *f Korb*

asiento *m Sitzplatz*

operación *f Unternehmen, Vorhaben*
rodar *rollen*
levantarse *aufstehen, sich erheben*

suspiro *m de satisfacción Seufzer der Erleichterung*

por los pelos *mit knapper Not*
¡qué carrera me ha dado! *mußte ich rennen!*
yerno *m Schwiegersohn*

— Yo voy a Zaragoza — contestó la muchacha.

— Como yo — dijo Eugenio mirándola. Verdaderamente tenía una cara monísima. mono *hübsch*

— ¿Y usted? — insistió la gorda dirigiéndose al señor del periódico, que no tuvo más remedio que contestar: insistir *beharrlich fortfahren*

remedio *m Ausweg, Mittel*

— Yo voy a Barcelona.

— ¿A Barcelona? — repitió ella interesada — Allí tengo yo unos parientes. Una prima segunda mía, casada con un frutero. Tiene una frutería muy buena y él se llama Antonio Guixols. ¿Le conoce usted? prima *f Cousine*
frutero *m Obsthändler*

— No, señora. Barcelona es bastante grande, sabe usted.

— Sí, eso dicen. Yo no he estado nunca allí.

La conversación murió y Eugenio abrió nuevamente su libro. Estaba haciendo un trabajo sobre Ortega y Gasset y se había prometido leer "La rebelión de las masas" durante el viaje. Sin embargo el silencio no duró mucho tiempo. La mujer lo rompió dirigiéndose precisamente a él.

— Oiga, joven — pidió — ¿Puede usted bajarme la cesta? Parece que tengo hambre. Yo siempre siento debilidad en el tren. debilidad *f Flauheit*

Eugenio, que era un muchacho bien educado, no tuvo más remedio que levantarse y bajar la cesta. Su ama la recibió agradecida, la abrió, y de su interior empezó a sacar una serie de paquetes envueltos en bolsas de plástico y papeles grasientos. De uno de ellos salieron varios bocadillos de tortilla, jamón y queso. envolver *einpacken, einwickeln*
bolsa *f de plástico Plastiktüte*
grasiento *fettig*
bocadillo *m belegtes Brötchen*
tortilla *f Omelette*

— ¿Ustedes gustan? — dijo la mujer ¿Ustedes gustan? *möchten Sie?*

dirigiéndose a sus compañeros de viaje.

— Gracias — contestaron ellos casi a coro — Que aproveche.

Sin embargo ella no había hecho el ofrecimiento por cumplir e insistió:

— Vamos, cojan. Tome usted un bocadillo, señorita. Y usted. Y usted también — añadió dirigiéndose al señor de la ventanilla.

Aunque protestaron, al fin cada uno se encontró con un bocadillo en la mano. La mujer era imposible de resistir. El señor del periódico sacó de un maletín una botella de vino tinto y un vaso y ofreció entonces vino a sus compañeros. Como hacía calor Eugenio aceptó agradecido y la gorda dijo con remilgo que tomaría "un vasito nada más" aunque luego se bebió dos o tres.

El ambiente del departamento se hizo muy cordial. Los bocadillos estaban buenísimos, el vino tinto era excelente, y con la comida y la bebida las lenguas se soltaron y los cuatro viajeros empezaron a charlar animadamente. El señor del periódico sacó unas tarjetas de visita que ofreció a los demás; se llamaba Pedro Durán y era representante de artículos de bisutería. La muchacha dijo que se llamaba María Luisa Garrido y había hecho en Madrid unos cursos de enfermera. La que más habló sin embargo fue la gorda y reluciente tía Petra — así dijo llamarse — que les contó cosas de su pueblo, de su marido (que era herrero), de sus hijos e hijas casados, de los

a coro im Chor, zusammen
¡que aproveche! guten Appetit!
por cumplir aus Höflichkeit

coger nehmen, zugreifen

protestar ablehnen

vino m **tinto** Rotwein

con remilgo geziert

ambiente m Atmosphäre, Stimmung

soltar la lengua die Zunge lösen
charlar plaudern

tarjeta f **de visita** Visitenkarte

bisutería f Modeschmuck

enfermera f Krankenschwester

reluciente strahlend

herrero m Schmied

vecinos, sus problemas y sus enfermedades.

Después de comer y de beber empezaron todos a sentir sueño. Hacía calor y el ruido monótono del tren invitaba a dormir. El Sr. Durán, María Luisa y la tía Petra se reclinaron en sus asientos y cerraron los ojos. Eugenio intentó leer nuevamente, pero se le cerraban los ojos también y al fin se durmió.

sueño *m Schlaf*

reclinarse *sich zurück-lehnen*

Les despertó la voz del revisor diciendo desde la puerta:
— Los billetes, señores, por favor.

revisor *m Schaffner*

Medio dormidos empezaron a buscar los billetes en bolsillos, maletas y bolsos. Eugenio tuvo que bajar nuevamente la cesta de la tía Petra. El revisor fue cogiendo los billetes para picarlos, pero cuando le llegó el turno al de la tía Petra el empleado lo miró atentamente, le dio la vuelta, volvió a mirarlo y por fin preguntó:
— Usted, señora, ¿a dónde va?
— ¿Yo? A mi pueblo.
— Bueno, ¿pero cuál es su pueblo?
— Sigüenza.
— Pues hace ya más de un cuarto de hora que pasamos por allí.

picar *knipsen*
llegar el turno a *an die Reihe kommen*
empleado *m Beamter*
dar la vuelta *sich umdrehen*

Al oír semejante noticia la tía Petra empezó a lamentarse, a invocar a los santos y a preguntarse qué habría pensado su marido, que la esperaba en la estación, al ver que no descendía del tren. Estaba completamente trastornada. Sus compañeros de viaje trataron de consolarla y el revisor sugirió al fin que se apeara en la primera estación y cogiera un tren en dirección contraria.

lamentarse *jammern, klagen*
invocar a los santos *die Heiligen anrufen*

descender del tren *aus dem Zug aussteigen*
trastornado *durcheinander*
consolar *trösten*
sugerir *vorschlagen*
apearse *aussteigen*

La tía Petra fue serenándose y hasta terminó riéndose con los demás de la aventura.

— La culpa la tiene su vino tinto — le dijo al Sr. Durán — Ya lo decía mi madre, que en paz descanse: "Petra — decía — no bebas nunca vino, que el vino lleva el diablo dentro".

— ¡Qué va, señora! El vino alegra el ánimo; no hay bebida más sana.

Cuando el tren se detuvo en una estación Eugenio y María Luisa ayudaron a descender a la tía Petra y le dieron su maleta y su cesta por la ventanilla. Luego se despidieron de ella deseándole buena suerte y agitando las manos hasta que el tren se puso en marcha y la tía Petra, de pie en el andén con su equipaje, desapareció en la distancia.

El departamento quedó extrañamente silencioso sin la presencia de la jovial campesina. Sin embargo Eugenio no volvió a abrir el libro de Ortega. En lugar de ello entabló una larga y animada conversación con María Luisa. La verdad es que era una suerte que los dos se dirigieran a Zaragoza.

serenarse *sich beruhigen*

que en paz descanse *möge er, sie in Frieden ruhen*

diablo m *Teufel*

detenerse *anhalten*

suerte f *Glück*
agitar las manos *winken*

desaparecer *verschwinden*

jovial *lustig*

entablar una conversación *eine Unterhaltung anknüpfen, beginnen*

Un señor importante

Al salir de clase al mediodía Enrique y María Teresa acostumbraban a dar un paseo juntos o, cuando tenían dinero (que no era siempre, porque los estudiantes suelen andar cortos de fondos) iban a tomar un aperitivo en el bar de la Facultad.

Enrique y María Teresa eran novios, pero aun no sabían cuando podrían casarse. A Enrique le faltaba todavía un año para terminar la carrera de Derecho y después tendría que hacer unas oposiciones o entrar de pasante con un buen abogado. María Teresa quería terminar también su carrera de Filosofía y Letras antes de casarse para poder luego dar clases en un colegio o en un Instituto y ayudar así a su marido. Mientras llegaba el día de la boda hacían planes para el futuro y disfrutaban de su vida de estudiantes. Tenían buenos amigos y los domingos nunca les faltaba alguna invitación para una excursión o un "guateque"; en último caso, si llovía o no había "guateque", siempre podían ver un programa doble en un cine de barrio por sólo 10 o 12 pesetas.

Una mañana, cuando Enrique y María Teresa daban el acostumbrado paseo, cogidos de la mano y disfrutando del sol primaveral, María Teresa soltó una exclamación y señaló a Enrique un objeto que había sobre la acera. Enrique se inclinó a cogerlo y cuando lo tuvo en

clase *f Unterricht*
acostumbrar a hacer u/c.
   gewöhnlich etw. tun
dar un paseo *spazierengehen*
andar corto de fondos
   knapp bei Kasse sein

Facultad *f Fakultät(sgebäude)*

novios *m/pl. Verlobte*

carrera *f de derecho Jurastudium*
oposición *f in Spanien: Auswahlprüfung für Staatsstellen*
pasante *m Referendar*
abogado *m Rechtsanwalt*
Filosofía y Letras *Philosophische Fakultät*
colegio *m Schule (besonders: Höhere Schule, privat)*
Instituto *m Höhere Schule, Gymnasium*
disfrutar de *genießen*

guateque *m Party*
programa *m doble Doppelfilm (zwei verschiedene Filme laufen hintereinander)*
cine *m de barrio Vorstadtkino*

coger de la mano *bei der Hand nehmen*
primaveral *Frühjahrs...*
soltar una exclamación
   einen Schrei ausstoßen

acera *f Bürgersteig*

las manos vio que era una cartera de piel de cerdo, con unas iniciales doradas. La abrió y comprobó, asombrado, que estaba llena de billetes de mil pesetas.

— ¡Qué barbaridad! — exclamó María Teresa al ver el contenido de la cartera — ¿En qué estaría pensando el que ha perdido tanto dinero? Anda, Enrique, cuéntalo.

Enrique lo contó; había 10.500 pesetas.

— Mm... — dijo — Creo que lo mejor será entregar enseguida esta cartera a la policía.

— Espera un momento. Mira a ver si hay dentro también algún documento.

Enrique miró y efectivamente en un departamento encontró una tarjeta de identidad con la fotografía de un señor de mediana edad, de aspecto distinguido, extendida a nombre de Pedro de Valcárcel y Díaz de Albareda, con domicilio en Madrid, calle de Montalbán número 9.

— Oye — dijo María Teresa impresionada — es un nombre muy aristocrático. Debe de ser alguien importante. Yo creo que lo mejor será que vayamos enseguida a su casa para devolverle personalmente la cartera. A lo mejor nos da una buena gratificación.

— Mm... ¿Tú crees? — replicó Enrique dudoso.

— Es lo menos que puede hacer. Al fin y al cabo si hubieran encontrado otros la cartera seguramente no se la habrían devuelto.

— La calle de Montalbán está muy

cartera *f Brieftasche*
piel *m* de cerdo
    Schweinsleder
inicial *f Initiale*
comprobar *feststellen*
billete *m Geldschein*

contar *zählen*

documento *m Ausweis*

departamento *m Fach*
tarjeta *f* de identidad
    Personalausweis

aspecto *m* distinguido
    vornehmes Äußeres
extendido a *ausgestellt
    auf*

gratificación *f Finder-
    lohn, Belohnung*

al fin y al cabo *letzten
    Endes*

devolver *zurückbringen*

lejos de aquí y si vamos ahora llegaremos los dos tarde a comer. Tú ya sabes el genio que tiene mi patrona...

genio m Launen
patrona f Wirtin

— ¡Bah, cogeremos un taxi! — dijo María Teresa con decisión — seguro que vale la pena.

valer la pena sich lohnen

Enrique se dejó convencer al final; pararon un taxi y un cuarto de hora más tarde se encontraban ante una casa con portal de mármol y portero de librea, quien se dignó informarles que el Sr. Valcárcel vivía en el primero izquierda. Luego, con gesto condescendiente, les indicó el ascensor.

al final schließlich
parar anhalten

mármol m Marmor
portal m Portal, Hauseingang
librea f Livrée
dignarse geruhen
el primero izquierda 1. Stockwerk, links
gesto m Miene, Geste
condescendiente herablassend
ascensor m Fahrstuhl

La puerta del piso fue abierta por un criado de aspecto aún más imponente que el del portero. Llevaba pantalones oscuros y chaqueta blanca con botones plateados y al enterarse de que Enrique y María Teresa querían ver al Sr. Valcárcel alzó las cejas de tal forma que casi se unieron con su pelo planchado a fuerza de fijador.

piso m Wohnung
imponente eindrucksvoll
pantalones m/pl. Hose
botón m Knopf
plateado silbern

alzar las cejas die Augenbrauen hochziehen

planchado glattfrisiert
fijador m Pomade

— El señor no acostumbra a recibir a esta hora — dijo con voz helada.

helado eisig

— Dígale usted que venimos a devolverle un objeto que perdió esta mañana — contestó Enrique con firmeza.

— ¿Un objeto perdido? Mm... Bueno, pasen ustedes por aquí. Voy a preguntar al señor.

Atravesando el vestíbulo el criado abrió una puerta de cristales e introdujo a Enrique y María Teresa en un lujoso salón, retirándose enseguida. María Teresa miró con curiosidad a su alrededor. El sofá y los sillones eran Luis XV auténticos,

atravesar überqueren, hindurchgehen
vestíbulo m Diele
cristal m Glas
introducir hineinführen

alrededor m Umgebung
sillón m Sessel
auténtico echt

tapizados de brocado claro; la mullida alfombra era también clara, con flores difuminadas; en la pared había un espejo veneciano y un retrato bastante mediocre de una señora con traje de noche, collar de perlas y diadema de brillantes que miraba inexpresivamente al vacío. Seguramente era la dueña de la casa.

— Oye, Enrique — dijo María Teresa en voz baja — ¿Has visto qué piso y qué criado? Ya te decía yo que debía de ser alguien importante. Quién sabe, a lo mejor es un gran hombre de negocios que, admirado de tu honradez, te ofrece un empleo estupendo; uno de esos empleos con 20.000 pesetas al mes y poco trabajo. Sólo firmar cartas y cosas así.

— Ya, ya ... — contestó Enrique escéptico.

En aquel momento se abrió la puerta del salón y entró un señor al que reconocieron enseguida por la fotografía de la tarjeta de identidad, aunque parecía bastante más viejo y tenía en los ojos una expresión cansada y ausente.

— Buenas tardes — saludó con cierta vaguedad — Me han dicho que querían verme ustedes.

Enrique sacó la cartera del bolsillo.
— Sí, señor. Queríamos devolverle a usted esta cartera que perdió usted esta mañana.

— ¿La cartera? ¿La cartera? — repitió el Sr. Valcárcel alarmado, y empezó a buscar febrilmente en los bolsillos. Al darse cuenta de que efectivamente no la tenía abrió la boca

tapizado *gepolstert, überzogen*
mullido *weich*
alfombra *f· Teppich*
difuminado *verschwommen*
espejo *m Spiegel*
retrato *m Bild*
traje *m de noche Abendkleid*
collar *m Kette*
inexpresivo *ausdruckslos*
vacío *m Leere*
dueña *f Herrin*

a lo mejor *womöglich*

honradez *f Ehrlichkeit*
empleo *m Posten, Stelle*
estupendo *ausgezeichnet*

escéptico *skeptisch*

ausente *(geistes)abwesend*

vaguedad *Unbestimmtheit*

febrilmente *fieberhaft*
bolsillo *m Tasche*

como para decir algo pero luego se quedó callado.

— Aquí la tiene usted — siguió Enrique — Si quiere usted contar el dinero...

— No, no — replicó el Sr. Valcárcel sin mirar casi la cartera, que había cogido entretanto — Además no recuerdo cuánto dinero llevaba.

En sus ojos apareció súbitamente una expresión casi de terror.

— No le dirán nada a mi mujer, ¿verdad?

— No, claro — dijo María Teresa asombrada. Al fin y al cabo no conocían a la Sra. de Valcárcel.

— Saben ustedes, últimamente estoy muy distraído... Lo olvido todo... Pierdo las cosas... Mi mujer no lo comprende y se disgusta cada vez que me pasa una cosa de éstas.

Siguió un silencio embarazoso que fue interrumpido por la llegada del criado que desde la puerta anunció:

— La señora recuerda al señor que la comida está servida.

El Sr. Valcárcel se levantó sobresaltado. Enrique y María Teresa se levantaron también.

— Ustedes me perdonarán, ¿verdad? Tengo invitados... Ya lo había olvidado. Félix, haga el favor de acompañar a los señores. Adiós, y muchas gracias.

Parecía que iba a añadir algo, pero por fin dio media vuelta y se fue.

— Adiós — dijeron Enrique y María Teresa, que unos segundos más tarde se encontraron otra vez en la

quedarse callaldo *schweigen*

terror *m Schrecken*

últimamente *in letzter Zeit*
distraído *zerstreut*
olvidar *vergessen*
disgustarse *ärgerlich, zornig werden*

embarazoso *peinlich*

sobresaltado *überstürzt, jählings*

dar media vuelta *sich umdrehen*

escalera. Entonces se miraron y se echaron a reír.

— Bueno, ¿qué te parece? — dijo al fin Enrique.

— ¡Qué señor más raro! Yo creo que está enfermo, pobrecillo. Además le tiene un miedo cerval a su mujer.

— ¿Ves, María Teresa? Nos hemos quedado sin gratificación, sin el fabuloso empleo, hemos perdido el dinero del taxi y encima fíjate qué hora es. Llegaremos tarde a comer.

— Bueno — dijo María Teresa virtuosamente — La mejor recompensa es la satisfacción del deber cumplido, ¿no?

María Teresa tenía siempre la última palabra.

escalera *f Treppe*

pobrecillo *m armer Kerl*
miedo *m cerval höllische Angst*

fabuloso *märchenhaft*

virtuoso *tugendhaft; hier: gut wie er war*

deber *m cumplido erfüllte Pflicht*

El sereno

Me llamo Emilio Carvallo y soy de profesión sereno. Entro de servicio a las diez y media de la noche, cuando cierran los portales, y termino mi trabajo a las seis de la mañana. Tengo un gran manojo de llaves y puedo abrir las puertas de todas las casas de mi distrito; así que si algún vecino trasnochador ha olvidado la llave o si ésta es demasiado pesada para llevarla en el bolsillo (algunas casas antiguas tienen unas llaves enormes) sólo necesita llamarme y yo voy y le abro. Si me da una propina, tan contento; si no, pues tampoco me enfado. Yo soy de buen conformar. También vigilo los coches aparcados en la calle, para que ningún gamberro los estropee o los robe.

Como casi todos los serenos soy gallego, de Padrón. Yo no sé por qué escogemos tantos gallegos este oficio, aunque sé que han escrito muchos artículos en los periódicos sobre el tema. Yo me hice sereno porque un pariente mío, que también es sereno, me recomendó a los jefes y me tomaron.

Este es un oficio que no gusta a todo el mundo, porque hay que pasarse las noches sin dormir. Pero vaya, a mí no me va mal; con el sueldo y las propinas voy tirando. Otros están peor que yo. Además en invierno, cuando hace frío, siempre puedo entrar en la taberna de la es-

sereno m *Nachtwächter*
profesión f *Beruf*
entrar de servicio *den Dienst antreten*
portal m *Hauseingang*

manojo m de llaves *Schlüsselbund*

distrito m *Bezirk*
vecino m *Bewohner*
trasnochador *Nachtschwärmer*
pesado *schwer*
bolsillo m *Tasche*

propina f *Trinkgeld*
enfadarse *böse werden*
ser de buen conformar *gutmütig sein*
aparcar *parken*
gamberro m *Flegel*
robar *stehlen*

gallego m *Galizier*

oficio m *Beschäftigung*

recomendar *empfehlen*

sueldo m *Lohn*
ir tirando *einigermaßen auskommen*
estar peor *schlechter gehen*
taberna f de la esquina *Eckkneipe*

quina a echar un trago. Y esto me recuerda una cosa que me sucedió el invierno pasado. Estaba tomándome un chato de tinto cuando de repente oí que llamaban:

— ¡Sereno! ¡Serenoo!

Terminé de beberme el vaso de vino, porque de nada sirve correr, me puse la bufanda y salí a la calle. Junto al portal del número 3 estaba Don Carlos, un señor muy simpático y que me da buenas propinas, pero bastante aficionado a empinar el codo. El pobre señor necesita alegrarse un poco la vida, porque tiene una mujer que es una fiera. Me lo ha contado la portera. Casi todas las porteras son amigas mías y me cuentan muchas cosas.

Cuando me acerqué a Don Carlos vi que estaba bastante borracho. Llevaba el sombrero puesto en la coronilla y la corbata torcida y aunque tenía la llave del portal en la mano se veía que no había podido acertar con el ojo de la cerradura. Son cosas que pasan cuando se han bebido un par de copas.

— Buenas noches, buenas noches — me saludó muy contento al verme.
— Buenas noches, Don Carlos. ¿Qué, no ha podido abrir usted?

— No, no puedo. Pasa una cosa muy rara. Hay dos ojos de la cerradura en la puerta y la llave no entra en ninguno de los dos. No puedo comprenderlo.

— Mm . . . Bueno, creo que mi llave sí que entrará. Un momento.

Abrí la puerta y me eché a un lado para dejar entrar a Don Carlos, pero

---

echar un trago *ein Glas trinken*

chato *m* dè tinto *Glas Rotwein*
de repente *plötzlich*

bufanda *f Schal*

empinar el codo *einen heben, trinken*

fiera *f Biest, Drache*
portera *f Pförtnersfrau*

acercarse *sich nähern*
borracho *betrunken*

coronilla *f Scheitel*
torcido *verrutscht, schief sitzend*

acertar con *treffen, finden*

raro *merkwürdig*
ojo *m* de la cerradura *Schlüsselloch*
la llave entra *der Schlüssel paßt*

echarse a un lado *Platz machen*

él se me quedó mirando con ojos suplicantes.

— Oiga, ¿podría usted abrirme la puerta del piso? A lo mejor hay también allí dos ojos de la cerradura.

— Sí, a lo mejor. Bien, déme la llave y yo le abriré.

Don Carlos me dio la llave y un duro, porque aunque bebe es un verdadero caballero. Le metí en el ascensor, me metí yo también y apreté el botón. Al llegar al segundo le ayudé a salir, porque no tenía las piernas muy seguras, y le abrí la puerta del piso sin hacer ruido. Sin embargo nada más abrir yo la puerta se encendió una luz en un cuarto y oí una voz de mujer que decía:

— ¿Eres tú, sinvergüenza? ¿Te parece que son éstas horas de llegar a casa?

Me retiré discretamente, porque no me gusta meterme en riñas de casados, especialmente con una señora de armas tomar como es la señora de Don Carlos. Salí a la calle y como vi que nadie me necesitaba y hacía mucho frío, me fui otra vez a la taberna y pedí otro chato de tinto. Algo hay que hacer para pasar el rato. Luego me puse a charlar con el Sr. Pepe, el dueño de la taberna, que es muy buena persona y fue torero en su juventud, así que conoce a mucha gente y entiende mucho de toros. Estábamos discutiendo sobre "El Cordobés" y su última corrida en Madrid cuando oí una voz que me llamaba:

— ¡Sereno! ¡Serenoo! —

— Vaya —dije al Sr. Pepe— otro trasnochador. Qué le vamos a hacer.

suplicante *flehend*

a lo mejor *womöglich*

duro m *Fünfpeseten-münze*

ascensor m *Aufzug*
apretar *drücken*
botón m *Knopf*
segundo m *2. Stock*

sinvergüenza m *unverschämter Kerl*

meterse en riñas *sich in Streit einmischen*

señora de armas tomar *zänkische Frau*

pasar el rato *die Zeit verbringen*
charlar *plaudern*

torero m *Stierkämpfer*
"El Cordobés" *berühmter spanischer Stierkämpfer*
corrida f *Stierkampf*

¡qué le vamos a hacer! *was bleibt uns übrig!*

Salí a la calle y cual no fue mi sorpresa al ver que el que me llamaba era Don Carlos. Fui hacia él y dije:

—¡Pero Don Carlos! ¿Qué hace usted en la calle otra vez?

— Mi mujer me ha echado de casa — contestó casi llorando.

— Mm... Bueno, mañana ya se le habrá pasado el enfado. Es muy tarde. ¿Por qué no se va usted a dormir a un hotel?

— No tengo dinero. Me ha quitado la cartera y me ha puesto de patitas en la calle.

¿Qué podía hacer yo? El pobre hombre me daba pena. No tuve más remedio que acompañarle a una pensión conocida y prestarle 20 duros para que pasara allí la noche. Estaba seguro de que me los devolvería. Ya he dicho que Don Carlos es un caballero.

La portera me dijo un par de días más tarde que Don Carlos estaba otra vez en su casa, así que su señora debió perdonarle al final. Se conoce que quería darle una lección.

En este oficio mío se ven unas cosas más raras...

echar de casa *hinauswerfen, vor die Tür setzen*

enfado m *Wut, Zorn*

quitar *wegnehmen*

cartera f *Brieftasche*

poner de patitas en la calle *auf die Straße setzen*

dar pena *leid tun*

remedio m *Ausweg, Mittel*

devolver *zurückgeben*

al final *schließlich*

se conoce... *man sieht...*

dar una lección *eine Lehre erteilen*

En la sucursal de Correos

Empleada 1 ¿Sabes quién me llamó ayer por teléfono, Felisa?

Empleada 2 ¿Quién?

Empleada 1 Federico, aquel chico que salía conmigo el año pasado y que luego me dejó plantada. Hacía meses que no sabía nada de él. Yo le dije . . .

Señor 1 Señorita, ¿hace el favor de darme un impreso de giro telegráfico?

Empleada 1 Yo le dije que se había confundido de número. ¿Qué te parece?

Señor 1 Señorita, haga el favor de darme un impreso de giro telegráfico.

Empleada 1 Sí, sí, bueno, aquí lo tiene — Y Felisa, fíjate que entonces él . . .

Señor 1 Señorita, esto no es un impreso de giro telegráfico. Es un impreso de giro postal.

Empleada 1 Ah, sí, claro . . . Tome usted.

Señor 1 (Con cierta ironía) Gracias.

Empleada 1 Ya ves, Felisa, yo sabía muy bien que había estado saliendo todo el tiempo con Conchita, la del estanco.

Empleada 2 ¡Qué fresco!

Empleada 1 Sí, eso es lo que es: un fresco. Por eso . . .

Señor 2 Oiga, ¿hace el favor de pesar este paquete?

---

sucursal *f* de correos *Nebenpostamt*

dejar plantado *sitzenlassen*

impreso *m* *Formular*
giro *m* telegráfico *telegraphische Überweisung*

confundirse de u/c. *etw. verwechseln*

giro *m* postal *Postanweisung*

estanco *m* *in Spanien: Kiosk, in dem staatliche Monopolwaren wie Tabakwaren, Briefmarken, Streichhölzer etc. verkauft werden*
fresco *frecher, unverschämter Kerl*
pesar *wiegen*

Empleada 1 Un momento . . .
¿Qué habrías hecho tú en mi lugar, Felisa?

Señor 2 Señorita, tengo prisa. Haga el favor de pesarme este paquete.

tener prisa *es* eilig haben

Empleada 1 Bueno, ya voy, ya voy . . . Dos kilos.

Señor 2 No, no son dos kilos. El peso marca un poco más de kilo y medio.

marcar *anzeigen*

Empleada 1 Es igual.

Señor 2 Será igual para usted, no para mí, que tengo que pagar.

Empleada 1 Felisa, ¿qué habrías hecho tú en mi lugar?

Señor 2 ¿Cuántos sellos necesito poner?

sello *m Briefmarke*

Empleada 1 Un momento, un momento . . .

Señor 2 Señorita, ¿usted qué se ha creído? ¿Que yo puedo estarme todo el día esperando mientras usted charla de sus cosas con su compañera?

¿qué se ha creído? *was glauben Sie eigentlich?*

Empleada 1 Vaya, qué malos modos . . .

¡qué malos modos! *was für schlechte Manieren!*

Señor 2 Si usted cumpliera con su obligación y atendiera a la gente nadie le diría nada.

cumplir con su obligación *seine Pflicht erfüllen*

atender a la gente *die Leute bedienen*

Empleada 1 Aquí tiene usted sus sellos.

Señor 2 Y ahí tiene usted su dinero. Adiós.

Empleada 1 ¡Qué barbaridad! El público es tan desconsiderado, ¿verdad, Felisa?

¡qué barbaridad! *unglaublich!*
desconsiderado *rücksichtslos*

Empleada 2 Sí, claro, eso digo yo siempre.

La chapuza

— Oye, Paco — dijo Elena un día a su marido mientras comían — Tengo la fregadera atascada y uno de los grifos se sale. ¿Podrías tú desatascar la fregadera y arreglar el grifo?
— Uy, hija, ni hablar. Yo no entiendo de esas cosas.
— Pues muchos maridos lo hacen.
— Tendrán más habilidad y más tiempo que yo. Mira, nena, llama a un fontanero. El es la persona indicada.

Hay cosas que son más fáciles de decir que de hacer. Elena llamó a una fontanería, pero le dijeron que estaban muy escasos de personal y que lo antes que podrían ir sería dentro de ocho días. En otras dos le contestaron lo mismo; en la cuarta el plazo era de 15 días. Al fin se le ocurrió hablar con la portera y ésta le dijo que un pariente suyo, que trabajaba en una fontanería, se dedicaba a hacer "chapuzas" por la tarde después del trabajo y podría ayudarle. Prometió enviarle lo antes posible.

Dos días más tarde, ya anochecido, llegó por fin el fontanero, un hombre mal afeitado, de cara huraña, con una cartera vieja llena de herramientas debajo del brazo. Elena le explicó lo que había que arreglar y él, torciendo el gesto, la siguió a la cocina y empezó a manipular con el sifón de la fregadera. Quitó una tuerca, dejó salir el agua

chapuza f Schwarzarbeit

fregadera f Spülbecken
atascado verstopft
grifo m Wasserhahn
salirse tropfen
desatascar frei machen
arreglar in Ordnung bringen
ni hablar kein Gedanke

habilidad f Geschicklichkeit
nena f Mädchen, Kind
fontanero m Klempner
la persona indicada genau die richtige Person

fontanería f Klempnerei
escaso de knapp an

plazo m Frist
ocurrirse: se me ocurre es fällt mir ein
portera f Pförtnersfrau

lo antes posible so schnell wie möglich

anochecido bei Einbruch der Nacht
afeitado rasiert
huraño mürrisch
cartera f Aktentasche
herramientas f/pl. Werkzeuge
torcer el gesto die Nase rümpfen
cocina f Küche
manipular herumhantieren, sich zu schaffen machen an
sifón m Geruchverschluß
tuerca f Schraubenmutter

sin el menor cuidado y Elena vio como el suelo de la cocina, recién fregado, quedaba por completo salpicado de agua sucia.

— Oiga — dijo tímidamente — ¿No podría poner usted algo debajo? He fregado hace poco el suelo de la cocina y . . .

— No puedo hacerlo de otra manera, señora — interrumpió el hombre destempladamente.

Elena no insistió. Qué remedio, tendría que resignarse a fregar otra vez el suelo. Mientras tanto el fontanero colocó de nuevo la tuerca en su sitio y pasó a ocuparse del grifo estropeado. Lo desmontó de cualquier manera, cambió el cuero y volvió a montarlo. Luego dio el agua; el grifo continuaba saliéndose.

— ¿No puede usted arreglarlo mejor? — dijo Elena.

— Si quiere que quede bien tendrá que cambiar el grifo. Este no sirve ya. En estas casas modernas todo es de mala calidad. Los constructores son todos una partida de sinvergüenzas. Y el público es tan idiota que paga.

Elena se sintió irremediablemente incluida entre los idiotas.

— Bueno — suspiró — ¿Cuánto le debo?

— Cincuenta pesetas.

— ¿Cincuenta pesetas? ¿Cincuenta pesetas por estas dos pequeñeces? ¡Pero . . . pero si ha trabajado usted sólo unos minutos!

— Pues son cincuenta pesetas. Mi tiempo vale dinero. Y ya puede usted estar contenta de que haya venido. Lo he hecho porque me lo

cuidado m *Vorsicht, Sorgfalt*
fregar *putzen, aufwischen*
salpicar *spritzen*
sucio *schmutzig*
tímido *schüchtern*

destemplado *unfreundlich, barsch*

insistir *drängen*

resignarse a *sich schicken in, sich abfinden mit*

estropeado *defekt*
desmontar *abschrauben*
cuero m *Lederstück*
dar el agua *das Wasser laufen lassen*

constructor m *Erbauer*

partida f de sinvergüenzas *Haufen Gauner*

irremediable *unweigerlich*
incluir *einbeziehen*

deber *schulden*

pequeñez f *Kleinigkeit*

ha pedido mi prima, la portera, que si no ...

Elena no quiso continuar la discusión y se fue a buscar las cincuenta pesetas. Cuando volvía sonó el timbre del teléfono. Era el electricista, al que tenía avisado desde hacía varios días, para decirle que tenía un trabajo urgente fuera de Madrid y no podría ir hasta la semana siguiente.

Elena colgó el teléfono suspirando y al volverse se encontró frente a frente con el fontanero que había escuchado atentamente la conversación.

— ¿Tiene usted alguna luz estropeada, señora? — dijo con voz casi amable.

Elena estuvo a punto de mandarlo al diablo, pero triunfó su buena educación.

— Sí, la lámpara del cuarto de estar no luce y la bombilla no está fundida; la he probado en otro sitio. Debe de estar estropeado el enchufe de la pared.

El fontanero la miró con una expresión nueva, casi suplicante, en los ojos.

— Si usted quiere, señora ... Yo soy muy aficionado a la electricidad. Es una distracción, ¿sabe? En casa me paso las horas muertas arreglando aparatos eléctricos, míos y de los amigos. Hasta aparatos de radio y todo — añadió con orgullo — ¿Puedo echar una mirada a ese enchufe?

Elena dudó un momento, pero decidió que nada se perdía por intentarlo. Era muy fastidioso estar sin luz suficiente en el cuarto de estar.

prima *f Cousine*

avisar *benachrichtigen*

colgar el teléfono *den Telefonhörer auflegen*
suspirar *seufzen*

mandar al diablo *zum Teufel schicken*
triunfar *siegen*
cuarto m de estar *Wohnzimmer*
lucir *brennen*
bombilla *f Birne*
fundido *durchgebrannt*
enchufe *m Steckdose*

suplicante *flehend*

ser aficionado a u/c. *etw. leidenschaftlich gern haben, begeistert sein von*
distracción *f Zerstreuung hier: Hobby*
horas *f/pl.* muertas *Freizeit*
orgullo *m Stolz*

intentar *versuchen*

fastidioso *unangenehm, ekelhaft*

— Bueno, venga usted.

El hombre fue con ella, se arrodilló en el suelo junto al enchufe y sacando un destornillador de su cartera lo desmontó con mucho cuidado y paciencia.

arrodillarse *niederknien*

destornillador m *Schraubenzieher*

— Mire usted — dijo muy satisfecho después de examinarlo — Ya he encontrado el defecto. Estos hilos están rotos. Enseguida voy a ponerlos bien.

defecto m *Fehler, Defekt*
hilo m *Draht*

Trabajó varios minutos, colocó otra vez el enchufe en su sitio, enchufó la lámpara y la luz se encendió.

colocar *anbringen*
enchufar *anknipsen*

— ¿Ve? ¡Ya está! Ya tiene usted luz otra vez.

— Muchas gracias — dijo Elena verdaderamente agradecida — Ha sido usted muy amable. ¿Cuánto le debo a usted por esto?

— Nada, señora, nada. Yo no soy electricista. Ya le digo; lo hago por afición.

afición f *Leidenschaft, Begeisterung*

Elena repitió las gracias y se despidió del fontanero. Cuando volvió al cuarto de estar quedó pensativa, preguntándose si el electricista tendría afición a la fontanería y podría arreglarle el grifo de la cocina. Sería la única solución ...

pensativo *nachdenklich*

solución f *Lösung, Ausweg*

Carmen y el ladrón

— Quieres un poco más de café, Federico?

— No, gracias.

La voz sonó detrás del periódico que Federico estaba leyendo. Carmen ahogó un suspiro. Llevaba un año casada y su vida había adquirido ya una desesperante rutina. Los días se sucedían iguales; Federico salía temprano de casa, trabajaba todo el día en la oficina y cuando volvía por la noche estaba demasiado cansado y prefería quedarse en casa viendo la televisión. Los domingos iban al cine o a casa de unos amigos, alguna vez incluso a cenar en un restaurante y a bailar pero el lunes era el comienzo de otros seis días de aburrimiento.

Carmen inició una conversación:

— ¿Qué dice el periódico? ¿Hay algo interesante?

— Psch... no mucho. Lo de siempre. Disturbios en el oriente medio... un accidente de aviación...

— ¿No hablan de los robos que ha habido últimamente en nuestro barrio?

— Sí, aquí pone algo... "La policía busca activamente a un individuo de unos 35 años, alto, moreno, bien vestido, que se hace pasar por representante."

— Seguramente se fingirá representante para estudiar la distribución de los pisos y comunicárselo luego a sus cómplices.

---

ladrón m *Dieb*

ahogar un suspiro *einen Seufzer unterdrücken*

adquirir una rutina *zur Routine werden*

incluso *sogar*

cenar *zu Abend essen*

aburrimiento m *Langeweile*

disturbio m *Unruhe*

accidente m de aviación *Flugzeugunglück*
robo m *Diebstahl*
últimamente *in letzter Zeit*
barrio m *Stadtteil*

moreno *dunkelbraun (Haar)*
hacerse pasar por *sich ausgeben als*
representante m *Vertreter*
fingirse *vorgeben*
distribución f de los pisos *Anordnung der Wohnungen*
cómplice m *Komplize*

— Claro.

Federico dobló el periódico y se puso de pie mirando el reloj.

— Es ya hora de irme a la oficina. Hasta luego.

Carmen le acompañó al vestíbulo, le ayudó a ponerse el abrigo y la bufanda.

— Abrígate bien, hace mucho frío . . .

Un beso rápido en la mejilla y Federico salió disparado escaleras abajo. "Mi marido es un sol — pensó Carmen — y yo le quiero mucho. Si pudiera estar más conmigo . . . si al menos pasara algo diferente . . ."

Cuando empezaba a recoger las tazas y los platos del desayuno sonó el timbre de la puerta. Carmen fue a abrir y se encontró cara a cara con un hombre moreno y bien vestido, joven todavía, exhibiendo una brillante sonrisa.

— Buenos días, señora.

— Buenos días — contestó Carmen algo perpleja.

El hombre empezó a hablar muy de prisa, como quien recita una lección:

— Señora, gracias a la técnica moderna el trabajo del ama de casa se simplifica cada vez más. La casa que represento le ofrece a usted un modelo de aspirador del polvo que . . .

A Carmen le pasaron por la cabeza, relampagueantes, imágenes confusas de novelas policíacas, seriales de televisión y unas líneas leídas por su marido durante el desayuno.

— ¡Ah! ¿Es usted representante?

— Sí, señora. Represento la casa . . .

— Me gustaría mucho probar ese as-

doblar *falten*

vestíbulo m *Diele*
ponerse de pie *aufstehen,
sich erheben*
bufanda f *Schal*
abrigarse *sich warm an-
ziehen*
mejilla f *Backe*
salir disparado *davon-
rennen*

al menos *wenigstens*

sonrisa f *Lächeln*

perplejo *verwirrt*

de prisa *schnell*
recitar una lección *aus-
wendig hersagen, Ge-
bet herunterleiern*

ama f de casa *Hausfrau*
simplificarse *sich verein-
fachen, erleichtern*

aspirador m del polvo
Staubsauger
pasar por la cabeza
durch den Kopf gehen
relampagueante *blitz-
schnell*
imagen f *Bild*
novela f policíaca *Krimi-
nalroman*
serial m *Fortsetzungs-
sendung*

pirador del polvo. Lo trae usted, ¿verdad?

El hombre pareció un poco asombrado ante el rápido éxito de su misión.

misión *f Auftrag*

— Sí, sí, desde luego, en esta maleta...

— Pase usted conmigo al comedor.

comedor *m Eßzimmer*

Me gustaría que probara usted el aspirador en la alfombra y en las cortinas.

alfombra *f Teppich*
cortina *f Vorhang*

— Con mucho gusto. Este nuevo modelo ofrece ventajas que ...

ventaja *f Vorteil*

Carmen le interrumpió impaciente.

impaciente *ungeduldig*

— Venga, venga conmigo.

Obediente el hombre la siguió al comedor murmurando un cortés "con permiso" y empezó a abrir la maleta y a preparar su demostración. En aquel momento Carmen salió rápidamente de la habitación, cerró la puerta y dio una vuelta a la llave. Con el corazón palpitante se quedó parada en el pasillo sin saber qué hacer. Luego oyó la voz del hombre, dudosa:

obediente *gehorsam*
murmurar *murmeln*
¿con permiso? *Sie gestatten?*
demostración *f Vorführung*
dar una vuelta a la llave *den Schlüssel umdrehen, abschließen*
palpitante *klopfend*
pasillo *m Gang, Flur*

— Señora, señora, ¿está usted ahí?

Carmen no contestó. Al otro lado de la puerta la voz sonó más urgente:

— Oiga, ¿por qué ha cerrado con llave? ¡Haga el favor de abrir!

Carmen se apartó por fin de la puerta y con manos temblorosas empezó a hojear el listín de teléfonos buscando el número de la policía. Tras la puerta del comedor se oían ya gritos y golpes. Por fin encontró el número y marcó; tan pronto como obtuvo contestación empezó a hablar precipitadamente, ahogándose:

apartarse de *weggehen von, sich entfernen von*
tembloroso *zitternd*
hojear u/c. *blättern in etw.*
listín *m de teléfonos Telefonbuch*
golpe *m Schlag*
marcar *wählen*

precipitado *überstürzt*
ahogarse *ersticken*

— Hagan el favor de venir inmediatamente a la calle de Lanuza 25, segundo derecha... He conseguido encerrar a ese ladrón que se hace pasar por representante.

segundo derecha 2. Stock, rechts

Al otro lado del hilo se produjo un silencio algo atónito.

hilo m hier: Leitung
atónito erstaunt

—¿Cómo?—dijo luego la voz—¿Dice usted que tiene un ladrón encerrado en su casa?

— Sí, sí, ese ladrón que...

— Un momento. Haga el favor de repetir su nombre y sus señas.

señas f/pl. Adresse

— Señora de Delgado... Lanuza 25, segundo derecha.

— No se mueva usted de ahí. Enseguida irán los agentes.

agente m Polizist

—¡Sí, sí, cuanto antes!

cuanto antes so schnell wie möglich
colgar el teléfono den Telefonhörer auflegen
tensión f Spannung
ominoso unheilvoll

Carmen colgó el teléfono y escuchó con los nervios en tensión. En el comedor había ahora un silencio ominoso. Los gritos y los golpes habían cesado. ¿Qué haría el ladrón? ¿Intentaría huir? Por la ventana era imposible que escapara; estaba demasiado alta, y la habitación estaba cerrada con llave. Carmen empezó a rezar maquinalmente padrenuestros y avemarías para pasar el tiempo pero no se daba cuenta de lo que hacía porque en la imaginación estaba viviendo ya la llegada de los agentes, las declaraciones, quizás los interviús de la prensa.

escapar entfliehen, flüchten

rezar padrenuestros Vaterunser beten

declaración f Aussage
interviú m Interview

Un timbrazo. Gracias a Dios habían llegado. Corrió a la puerta y la abrió, temblorosa.

timbrazo m starkes Läuten

— Policía — dijo uno de los dos hombres de paisano. — ¿Es usted la señora de Delgado?

hombre m de paisano Zivilist

— Sí, sí, yo soy. El hombre está ahí, encerrado en el comedor.

— Un momento. Dice usted que ese hombre es un ladrón. ¿Qué ha hecho? ¿Le ha robado a usted algo?

— No, robar no, pero . . .

— ¿Le ha atacado a usted o molestado de alguna forma?

atacar *angreifen*
molestar *belästigen*

— No, tampoco, pero . . .

— ¿Entonces por qué dice usted que es un ladrón?

El tono del policía era seco y Carmen hizo un esfuerzo para explicarse.

seco *trocken*
explicarse *Erklärung abgeben*

— En este barrio ha habido muchos robos últimamente. He leído en el periódico que el jefe de la banda es un hombre moreno, de unos 35 años, que se hace pasar por representante. Hace un rato sonó el timbre y allí estaba el hombre que decía el periódico. Pretendía vender aspiradores del polvo pero yo me he dado cuenta de lo que quería en realidad y le he encerrado en el comedor.

El policía que había hablado miró significativamente a su compañero, que sacudió la cabeza.

significativo *vielsagend*
sacudir la cabeza *den Kopf schütteln*

— Señora — dijo — la banda que usted dice está detenida.

detener *festnehmen*

— Pero . . . el periódico . . .

— El periódico estaba un poco atrasado de noticias. Ayer por la noche detuvimos a cuatro hombres que han confesado ya.

estar atrasado de noticias *Nachrichten verspätet bringen*

confesar *gestehen*

Carmen hubiera querido desaparecer, volatilizarse, hundirse en la tierra.

desaparecer *verschwinden*
volatilizarse *sich verflüchtigen*
hundirse en la tierra *in Grund und Boden versinken*

— Pero . . . entonces . . .

— Vamos a ver a quién tiene usted encerrado en el comedor.

Como atontada Carmen se dirigió al comedor y se quedó parada ante

atontado *benommen*

la puerta, sin atreverse a abrirla. Uno de los policías dio la vuelta a la llave y abrió.

El representante parecía estar al borde de un ataque, rojo, con los ojos brillantes de furia y el pelo revuelto. Carmen se escondió detrás de uno de los policías, pero el hombre la vio y se dirigió a ella con la voz temblorosa de rabia.

— ¿Qué broma es ésta? ¿Está usted loca?

Carmen se encogió aún más.

— A ver, su documentación, haga el favor — habló un policía enseñando su placa.

En los ojos del representante la furia dio paso al miedo.

— ¿Policía? ¡Pero yo no he hecho nada! ¿Qué les ha dicho ella? ¿Es que les ha contado algún cuento? ¡Debe de estar loca!

— Solamente queremos ver su documentación.

— Aquí está. Mi tarjeta de identidad y la tarjeta de la casa donde trabajo. Pueden llamar ustedes allí si quieren.

El policía examinó los papeles y se los devolvió.

— Puede marcharse.

El hombre empezó a envalentonarse.

— ¿Que me marche, eh? Eso está muy bien, pero, ¿a qué ha venido este atropello? Yo soy un ciudadano honrado y ustedes . . .

— Vamos, márchese. Ha sido todo una confusión.

El representante cogió su maleta y dirigiendo una mirada de odio a

atreverse *wagen*

estar al borde de un ataque *einem Anfall nahe sein*

revuelto *unordentlich, wirr*
esconderse *sich verstekken*
rabia *f* Wut, Zorn

broma *f* Scherz

loco *verrückt*

encogerse *kleiner werden*
documentación *f* *Ausweispapiere*
placa *f* Marke

dar paso a *weichen*

contar un cuento *ein Märchen erzählen*

tarjeta *f* de identidad *Personalausweis*

devolver *zurückgeben*

envalentonarse *Mut fassen*

atropello *m* Ungerechtigkeit
ciudadano *m* Bürger
honrado *ehrbar*

confusión *f* Verwechslung

odio *m* Haß

Carmen salió del piso dando un portazo. Carmen no abrió la boca.

— Bien, señora — dijo el policía más alto — también nosotros nos vamos. Y otra vez tenga usted más cuidado.

— Yo ... es que ... — balbuceó Carmen.

—Con esto de la televisión y el Perry Mason la gente tiene una imaginación que ya, ya, ¿eh, Paco? — dijo el policía bajito y riendo salieron del piso.

Carmen se quedó sola y decidió que prefería la monotonía a esta clase de aventura. Y decidió también no contarle nada a su marido. O en todo caso mucho, mucho más tarde ...

dar un portazo *Tür zu-knallen*

tener cuidado *vorsichtig sein*
balbucear *stammeln*

Perry Mason *amerikanischer Rechtsanwalt, Held einer Kriminalserie*
bajito *ganz leise*

en todo caso *wenn überhaupt*

Rodando por España

La mañana era fresca y clara, el sol lucía en un cielo sin nubes y la carretera estaba libre de polvo y despejada de tráfico. No es extraño por lo tanto que Pedro y Alfonso se encontraran del mejor humor. Pedro conducía tranquilo, tarareando una cancioncilla, y Alfonso llevaba el compás con el pie mientras admiraba el paisaje. Estaban dejando atrás un pueblo pequeño y pardo, edificado sobre una colina y dominado por la torre de una vieja iglesia con el acostumbrado nido de cigüeñas. Pronto llegarían a La Puebla de Sanabria.

Al dar la vuelta a una curva vieron de repente un grupo de personas junto a la carretera que ante la proximidad del coche empezaron a hacer gestos desesperados con los brazos, pidiéndoles que pararan.

— ¿Qué será? ¿Un accidente? — dijo Alfonso extrañado.

— No creo — contestó Pedro — pero voy a parar de todos modos.

Paró el coche junto al grupo. Eran unos ocho o diez, hombres y mujeres, todos muy acicalados y endomingados. Las mujeres llevaban vestidos de seda floreados y zapatos de tacón y los hombres trajes oscuros y una flor en la solapa. Uno de ellos se destacó del grupo.

— Perdonen... ¿van ustedes a La Puebla de Sanabria?

— Sí, alllí vamos.

Glosario (columna derecha):

despejado de *frei von*

tararear *trällern*

llevar el compás *nach dem Takt spielen, den Takt schlagen*

pardo *düster*

nido de cigüeñas *Storchennest*

dar la vuelta a una curva *um die Kurve fahren*

acicalado *geschniegelt, herausstaffiert*

endomingado *im Sonntagsstaat*

solapa f *Revers*

destacarse de *heraustreten aus, sich lösen aus*

— Ay, señores, por lo que más quieran, ¿podrían ustedes llevarnos hasta allá?

Pedro miró el grupo y pensó que el buen hombre tomaba su coche por un autobús, cosa sorprendente porque el coche además de ser pequeño iba cargado de equipaje y trastos; en el asiento posterior apenas quedaba sitio para una persona.

trastos *m/pl. Hausgerät*

— Hombre, como ven ustedes el coche es pequeño y vamos muy cargados. Todo lo más podríamos llevar a uno.

Retirándose un par de pasos el hombre empezó a hablar animadamente con sus compañeros. Estaban todos muy excitados y parecían discutir algo; por fin, cuando a Pedro empezaba a agotársele la paciencia empujaron hacia el coche a un joven pálido y nervioso.

excitado *erregt*

— Ve tú, Emilio — dijo uno — los demás ya nos arreglaremos.

— No te preocupes, todo irá bien.

El joven entró en el coche y Pedro arrancó. Los que quedaban en la carretera les despidieron calurosamente y continuaron agitando los brazos hasta desaparecer tras una nueva curva.

arreglarse *zurechtkommen*
preocuparse *sich Sorgen machen, sich beunruhigen*
arrancar *starten*

— No saben el favor que me hacen — dijo el joven — Saben, me caso esta mañana a las 11 en La Puebla.

— ¡Arrea! —dijo Alfonso asombrado.

¡arrea! *ach, du meine Güte!*

— Mi familia y yo íbamos a ir allí en el taxi del pueblo y va y en el momento de salir se estropea. Ya ven qué apuro. Como en el pueblo no hay teléfono tampoco podíamos avisar.

— ¡Menudo lío!

— Ya ven, dije a la familia de mi no-

estropearse *entzwei gehen, kaputt gehen*
apuro *m Verlegenheit, unangenehme Lage*
avisar *Nachricht geben*
¡menudo lío! *eine schöne Bescherung!*

via que estaríamos allí a las 10 y media a más tardar y son casi las 11 y estoy en camino. No sé qué pensarán de mí.

a más tardar *spätestens*

— Ya se harán cargo de lo ocurrido cuando se lo explique — le consoló Pedro.—Yo iré lo más deprisa posible.

hacerse cargo de *verstehen*

— ¡Gracias, muchas gracias!

— ¿Y qué hará ahora su familia? ¿Se quedarán sin ir a la boda?

— A lo mejor pasa algún camión y les coge a todos. Pero por lo menos tenía que ir yo.

— Claro.

Pedro apretó el acelerador aunque la carretera, rica en curvas y no demasiado ancha, no estaba hecha para grandes velocidades. El desgraciado novio, sin duda demasiado preocupado para charlar, se acomodó lo mejor posible entre las maletas y los bultos y guardó silencio. Media hora más tarde vieron por fin las primeras casas de La Puebla de Sanabria.

acelerador m *Gashebel*

acomodarse es *sich bequem machen*

bulto m *Gepäckstück*

— ¿Qué hora es? — preguntó el novio, inquieto.

— Las once y cuarto.

— ¡Dios mío! ¡Cómo estará mi novia! ¡Y mi suegro!

suegro m *Schwiegervater*

— ¿A dónde vamos? ¿A la iglesia?

— No, no, vamos primero a casa de mi novia. Ya les diré donde es. Siga por esta calle todo derecho, hasta la plaza; luego a la izquierda.

Pedro siguió las indicaciones del joven y al fin pararon ante una casa con balcones de hierro y puerta claveteada, que se abrió al ruido del coche. Un hombre alto y fuerte, de pelo gris, se precipitó hacia ellos.

indicación f *Hinweis*

claveteado *mit Nägeln beschlagen*

— ¡Emilio! ¿Qué ha pasado? ¿Cómo

llegas tan tarde? ¿Y dónde están los demás?

— Ay, señor Rufino, que por poco no puedo venir. El taxi del tío Cachuelo se ha estropeado justo cuando íbamos a salir y si no es por estos señores . . .

justo cuando gerade in dem Augenblick als

El futuro suegro de Emilio se fijó entonces en Pedro y en Alfonso.

— ¿Ustedes se han ofrecido a traer a Emilio? ¡Menos mal! ¡Muchas gracias!

Emilio interrumpió nervioso las expresiones de agradecimiento del señor Rufino.

— ¿Dónde están los invitados? ¿Dónde está Paquita?

— Los invitados están en la iglesia y Paquita arriba, con su madre y sus hermanas. Ya te puedes imaginar como está; pensaba que te había pasado algo o que la ibas a dejar plantada.

dejar plantado *sitzenlassen*

Emilio quería subir enseguida a consolar a su novia pero el señor Rufino se opuso con firmeza; no es costumbre que el novio vea a la novia antes de la boda y además era muy tarde; los invitados estarían ya murmurando y el Párroco revestido y esperando para la ceremonia. Pedro se ofreció a llevar al novio a la iglesia; la novia seguiría unos minutos más tarde.

oponerse *sich widersetzen*

murmurar *tuscheln*
párroco *m Pfarrer*

— Son ustedes muy amables — dijo el señor Rufino agradecido. — ¿Van ustedes de camino o se quedan ustedes en La Puebla?

—Nos quedaremos aquí un par de días.

— Pues entonces están ustedes invitados a la boda. Después hay un convite aquí, en mi casa; vengan ustedes también.

Pedro no quería aceptar pero el señor Rufino insistió y Emilio le apoyó con tal fuerza que no hubo forma de negarse. Por fin, espantando a unas gallinas que picoteaban en medio de la calle, el coche arrancó hacia la iglesia llevándose al novio mientras el señor Rufino entraba de nuevo en su casa para darle a la novia la buena nueva.

convite *m Festmahl*

insistir *bestehen auf, drängen*

no hay forma de *es ist nicht möglich zu*
espantar *aufscheuchen*

nueva *f Nachricht*